グローバル化時代の
英語教育論

服部 孝彦 著

Takahiko Hattori, Ph.D.

共同文化社

はしがき

　急速なグローバル化の進展の中で、英語力の一層の充実は日本にとって極めて重要である。我が国の多くの企業が事業を広げるために海外進出をするのは当たり前の時代になった。海外の取引先とのメールや電話は全て英語を使い、打ち合わせも全て英語で行う力が社員には求められている。

　日本人は技術力で海外と比較して優れた特性を持っているといえるが、英語力の問題で世界に対して十分に能力が発揮できていない場合も多い。英語力を高めることで、より日本人の良さが発揮できるといえることから、日本における英語教育への期待はますます高まっている。グローバル化に伴い、英語の習得はもはや避けて通れないといえる。

　本書は、このような時代の英語教育を、大きく10章に分けて記述している。第1章は英語教育研究の方法論、第2章は第二言語を習得するために極めて重要になる学習の動機づけ、第3章はコンピュータを使用し、項目応答理論によるテストの原理と測定、第4章は最近注目されている指導法、CLILの特徴について、その教育目標や性質を明らかにしている。第5章は学習者の第二言語習得を阻止してしまう要因としての不安について、英語学習者の視点から第二言語不安の実態を明らかにしている。第6章は英語教員研修に関する先行研究及び英語教員への聞き取り調査に基づきカリキュラムを作成した英語授業改善研修について述べている。第7章は英語学習におけるスピーキング不安軽減の解決策としてのオンラインによる少人数指導について検討した上で、オンライン・アカデミック英語講座の実践報告をしている。第8章から第10章までは、我が国のグローバル化のための中核プロジェクトであるSGHとWWL事業でのグローバル人材育成

について検討し、さらに2018年、欧州評議会が発表した RFCDC という能力参照枠について、グローバル人材測定ツールとして考察を行っている。

　本書の各章は、最近筆者が学会の学術誌や大学の紀要に発表した拙論に加筆修正したものが基になっている。初出は以下のとおりである。(1)「研究の方法論に関する考察」，『大妻女子大学英語教育研究所紀要』第4号，大妻女子大学，pp.1-15. (2021)、(2)「第二言語習得における動機づけに関する研究」，日本人類言語学会学術誌『人と言語と文化』No. 12，日本人類言語学会，pp.3-26. (2021)、(3)「CAT型テストにおける英語力の測定に関する研究」，『大妻女子大学英語教育研究所　英語教育研究』第1号，大妻女子大学，pp.3-16. (2021)、(4)「CLILの原理と教育方法：小学校英語教育における内容言語統合型学習の可能性の探求」，『大妻女子大学英語教育研究所　英語教育研究』第2号，大妻女子大学，pp.1-15. (2022)、(5)「児童・生徒の持つ第二言語学習に対する不安に関する研究」，『大妻女子大学英語教育研究所紀要』第5号，大妻女子大学，pp.1-12. (2022)、(6)「現職教員の英語授業改善研修プログラムの開発と実践」，*The JAIAS Journal*，No. 21，日本総合文化研究会，pp.23-42. (2021)、(7)「英語スピーキング力育成に関する考察：オンライン・アカデミック英語スピーキング講座の実践研究」，日本人類言語学会学術誌『人と言語と文化』No. 13，日本人類言語学会，pp.3-25. (2022)、(8)「SGH、WWLで取り組むグローバル人材の育成とグローバル人材測定ツールとしてのRFCDC」，*The LCA Journal*，No. 35，日本言語文化学会，pp.1-17. (2021)、(9)「WWL事業におけるグローバル人材育成達成度の定量的で、定性的な検証方法に関す考察」，*The JAIAS Journal*，No. 22，日本総合文化研究会，pp.23-40. (2022)、(10)「RFCDCにおける Attitudes

と Values を育成するグローバル人材教育に関する考察：SGH
ネットワーク校での実践」，『大妻レビュー』，No. 55，大妻女子
大学英文学会機関誌，pp.105-120.（2022）.

　本書における注釈は、本全体の通し番号にはせず、各章ごとの
通し番号にした。また参考文献も、巻末に各章ごとに分けて付け
た。参考文献を各章ごとにまとめたことにより、わずかではある
が文献の重複が生じた。各章ごとに独立した論文が基になってい
ることから、このようにした方が読者には分りやすいと考えたか
らであるので、ご了承いただければ幸いである。なお、索引に関
しては章ごとに分けることはしていない。

　急速なグローバル化に伴い、日本の英語教育は大きな転換期を
迎えている。本書が、日本の英語教育の益々の発展に少しでもお
役に立てばと願って「はしがき」とする。

2022 年 10 月
アメリカ合衆国　ユタ州　シーダー・シティー
南ユタ大学にて

服部孝彦

目　　次

第1章

研究の方法論

第1章では、研究論文を書くことに慣れていない学部生や大学院生、日々の授業をより良いものにしたいと努力を重ねている中学・高等学校の現場教員が論文を執筆する時に役立つという視点に立ち、学術研究はもちろんのこと、教育現場が抱える様々な課題について深く理解するために必要な実践研究についても論じる。なお本章は、英語教育研究を念頭に置いてはいるものの、自然科学、社会科学の分野に共通な、論文を書くために必要な基本的なポイントを理解するのに役立つように配慮したので、英語教育以外の分野で卒業論文を執筆する学部生や修士論文を執筆する修士課程の大学院生、研究について根本に戻って整理しなおしたいと考えている博士後期課程の大学院生、英語以外の教科を担当している現場教員にも役に立つと考えている。

本章の構成は次のとおりである。

1. 研究とは
2. 学術研究と実践研究
   2.1. 学術研究の特徴
   2.2. 実践研究の特徴
   2.3. 両者の共通点と相違点
3. 文献研究と実証研究
   3.1. 文献研究
   3.2. 実証研究
      3.2.1. 検証型研究と探索型研究

3.2.2. 量的研究と質的研究

4. 研究成果の発表

1 研究とは

　浦野（2016）は「研究とは、何らかの問い（question）があって、根拠となるデータを集めてその答えを導き出す営み」であると述べている。研究は、(1) 研究課題、(2) データ、(3) データの分析と解釈の3つの要素から成り立つといえる。研究を進めるプロセスは、(1) 自分の興味・関心がどこにあるかを探り、研究テーマを決め[1]、(2) そのテーマに関する多くの先行研究（previous studies）を読み、(3) それを基に研究課題（research question）を絞り、(4) それに合わせたデータの収集と、(5) 集めたデータを分析し、(6) 結論を論文としてまとめ公表することである。Numan（1992）は "Research is a systematic process of inquiry." と研究を定義し、研究を進めるには一定のルールに従わなければならないことを示している。以下、研究の方法論について考察する。

2 学術研究と実践研究

　研究には学術研究と実践研究がある。学術研究の目標は、研究結果の研究分野全体への還元である。一方、実践研究は、研究者と実践者は同一であり、その目標は実践を行った個人へ還元される。以下、学術研究と実践研究について論じる。

2.1 学術研究の特徴

　学術研究は、研究分野全体の発展と向上に役に立つことを目標にしている。自分の研究が、今まで行われてきた他の研究のどこに当たるのか、すなわち全体像の中での位置を明確に示す必要がある。そのために、まず先行研究と自分の研究との関係をしっかりと把握できていなくてはならない。それぞれの研究の関係を示せなければ、研究分野全体に貢献するような研究はできない。学術研究をまとめた論文は、主観と憶測を排除し、事実とモデル、そして定量的考察に基づく客観的記述を行う必要がある。

2.2 実践研究の特徴

　学術研究に対して実践研究は、教員の個人的な関心から出発し、最終的に教員個人に還元されることが多い。田中他（2019）は、実践研究は教員自身が日々の営みの中で直面する実践上の問に答えるためのものであるとしている。浦野（2016）は実践研究の主な目的は、教員が自分の生徒たちについて理解を深めたり、実践上の問題を解決したりすることであると述べている。細川（2014）は実践研究を「自らの教育活動を設計し、実施・評価する活動であり、同時に、そのプロセスそのものを他者に向けて公開するという行為である」と述べている。市嶋（2009）は「自身の教育観に基づいた授業のデザインを示し、実際の授業で起こっていることを具体的な教室データによって検討することによって自己の実践を振り返り、次の実践へとつないでいくプロセス」と定義している。Borg（2010）は実践研究の特徴を、（1）体系的な探求であり、（2）教員が主体となり、（3）教員が指導する文脈において研究が行われることをあげている[2]。藤田他（2016）も

この 3 つの特徴がすべて含まれる研究を実践研究と捉えている。

2.3 両者の共通点と相違点

　学術研究と実践研究には共通点と相違点がある。共通点として
は、学術研究も実践研究も研究課題を絞り込んで設定する必要が
ある[3]。収集したデータの質が重要であることも共通である。

　学術研究と実践研究の相違点は、主に収集したデータの分析と
解釈である。学術研究では研究の条件や要素を統制し、研究結果
を一般化できなくてはならない。研究対象としている学習者に限
らず、地域全体の学習者、あるいは同一年齢の学習者にも当ては
まる傾向や法則を探し出すことを目的にデータを分析する。これ
に対して実践研究では、研究者と実践者は同一であり、実践者が
直接教えているクラスの生徒たちを深く理解したり、指導上の問
題点を解決することを目的にデータを分析する。データの分析に
関して、学術研究と実践研究とでは大きく異なる（浦野，2016）。

3 文献研究と実証研究

　研究は大きく文献研究と実証研究に分けることができる。川崎
（2010）は研究を行う目的を（1）概念の検討・整理、（2）新事実
の整理、（3）仮説の検証、（4）事象の理解、仮説の生成、の4つ
に整理できるとしている。（1）と（2）は文献研究であり（3）と
（4）は実証研究である。以下、文献研究について、続いて実証研
究について論じる。

3.1 文献研究

　文献研究は、当該分野の先行研究を収集し、それらを整理し、内容を検討する研究である。先行研究からどのようなことが結論づけられるか、今後さらにどのような研究が必要であるかなどを提案することもでき、独立した理論研究としても成り立つ。

　文献研究は、研究しようとする分野の先行研究を収集し、それらを読み、内容を検討するわけであるが、田中（2016）は先行研究の論文を読む際にチェックすべきポイントとして次の 5 項目をあげ、それぞれについて解説している。それらは、（1）研究テーマ、（2）研究の背景、（3）研究方法、（4）データ分析、（5）研究結果である。研究テーマでは、研究目的や研究課題を把握する。研究の背景では、その分野での研究動向を整理する。そして研究課題を追求するためにどのような方法が用いられたのかを明らかにする。さらにどのようなデータの分析の手法が使用されたのかを読み取る。最後に、何が研究結果から示唆されるのかを押さえる。

　以上のようにして論文を読んだら、次はその論文内容の批判的検討をする必要がある。Seliger & Shohamy（1989）は批判的検討に必要なポイントとして次の項目をあげている[4]。それらは、（1）目的の記述は適切か、（2）仮説は適切か、（3）変数の記述と定義はされているか、（4）研究デザインは適切か、（5）実験手順は適切か、（6）データ分析手順は適切か、（7）結果と分析は一貫しているか、（8）結論や示唆が結果によって根拠づけられているか、である。

　先行研究を検討する文献研究は、実証研究とは異なり調査や実験を行うわけではないので、一人でも十分に取り組むことができ、また先行研究を素材にする研究のため、稲葉（2009）も指摘

しているように、倫理問題がおきにくいという利点がある。

3.2 実証研究

実証研究には量的研究と質的研究がある。事象の全体的な特徴について調査する場合や、事象間の関連性を調査する場合は量的研究が行なわれる。一方、量的研究のように条件や要素を統制することなく、自然な環境でデータを収集・分析し、複雑な事象を捉えたり、データを収集した期間における研究参加者の変容を捉えたりする場合は質的研究が行なわれる[5]。

3.2.1 検証型研究と探索型研究

量的研究は検証型の研究であり、質的研究は探索型の研究である。多くの先行研究がある場合は、理論的にも実証的にも洗練され細部にまで行き渡った研究課題の設定が可能であることから検証型の研究が行われることが多い。一方、先行研究がまだ十分には蓄積されていない場合は、現象の原因を問うというよりは、その現象が一体何なのか、どうなっているのかを調査することに重きが置かれるため探索型の研究が行われることが多い（浦野,
2016）。

検証型の研究課題を設定した場合と、探索型の研究課題を設定した場合とでは、研究の方法が異なる[6]。検証型研究の研究課題では、事前に仮説を設定し、その仮説の真偽を知るためにデータを収集し、分析することで演繹的に実証する。これに対し探索型の研究課題では、厳密な仮説は事前には設定しない。むしろ現象から理論や仮説を帰納的に推測し生成する（藤田, 2016）。

3.2.2 量的研究と質的研究

　量的研究の背景には、現実世界は客観的で唯一のものとして把握できるという考えがある。量的研究は、数値化されたデータを分析し、客観的で一般化された知見を生み出そうとする[7]。そのために、研究では主観的要素は可能な限り取り除こうとする。事象の全体的な特徴や傾向をについて調べる時、事象の関連性を調べる時、事象の因果関係を調べる時などは量的研究が用いられる（酒井，2016）。量的研究は、人々の行為には普遍的な法則・規則があるという、実証主義的視点に立っている。

　一方、質的研究の背景には、現実世界の定義や理解の仕組みは人によって異なり、様々な解釈や視点が存在しうるという考え方がある。質的研究が基にする理論的枠組みは様々であり、データ収集、分析、解釈も多様である（高木，2016）。質的研究は、人々の経験は文脈に縛られており、時、場所、人間という行為者の心と切り離すことはできないとする解釈主義的視点と、客観的で中立的な知識は存在せず、知識は常に社会的利害に影響されているとする批判的視点に立っている（高木，2011）。

　例えば複雑な現象を捉えようとする場合、量的研究では、研究対象以外の条件や要素をできるだけ統制しようとするが、質的研究では条件や要素を統制することなく、データを収集し分析することで、全体を捉えようとする[8]。量的研究のアプローチと質的研究のアプローチとでは、データの種類と収集法、分析法が異なる。すなわち、研究課題の種類によって、データの収集法や分析、解釈方法が異なるわけである（藤田，2016）。

4 ｜ 研究成果の発表

　学術研究にしろ、実践研究にしろ、研究成果を発表しなければ

研究が完成したとはいえない。学会の研究大会で口頭発表した場合は、研究大会プロシーディングス掲載の他に、口頭発表を加筆修正し、学会が発行する学術誌に投稿したいものである。一般的に学術誌といった場合、国内や国外の学会の発行する学術誌と大学等の研究機関の発行する学術誌がある。大妻女子大学では、学内の者が投稿できる学部等の発行する紀要と学外者も投稿できる人間生活文化研究所が発行する学術誌がある。大学によっては、指導教員の推薦さえ得られれば大学院生でも投稿ができる学術誌を発行しているところも多い。

　米国の大学に所属する研究者は、日本の研究者のように、自分の勤務する大学が発行する紀要といった比較的手軽に論文を発表できる研究誌がないため、論文発表には苦労することが多い。この点、日本の研究者は恵まれているといえる。また米国の研究者は、研究のために常に競争的資金を獲得しなくてはならない。日本の大学専任教員は、たとえ競争的資金を獲得できなくても、ある程度の研究費は大学から支給されていることが多い。この点でも、日本の研究者は恵まれているといえる。

　論文は、一般的にどの学術誌に掲載されたかによって評価される。欧米の学会が発行するインパクトファクター（impact factor）[9]の高い学術誌は、審査がとても厳しい。日本の大学教員の中にも、国際的に評価の高い学術誌に論文を掲載している研究者もいるが、その多くは自然科学分野の研究者である。確かに大学教員の研究業績評価の指標として、特に自然科学分野においては国際的にインパクトファクターが取り上げられることが多い。これは研究の公正で客観的な評価のための数量的な指標が求められているからである。しかし日本の、しかも社会科学分野ではインパクトファクターが取り上げられることはあまりない。そもそもインパクトファクターの高い学術誌に論文を掲載できている日本の社

8

会科学分野の大学教員は多くはない。このような状況から、英語教育をはじめ教科教育学を研究する日本の大学院生や中学・高等学校の教員が論文を投稿するのは、現実問題として国内の学会の学術誌や大学が発行する紀要となる。

　国内の学会が発行する学術誌であっても、審査基準はしっかりとしていることが多い。酒井（2016）は「ある学会誌」という表現で、具体的な学会名と学術誌名はあげてはいないが、論文審査の観点として次の8つを示している。（1）読者の興味・関心にあった内容、（2）提示された問題の適切さ、（3）先行研究提示の適切さ、（4）研究の枠組み、手法、手続き、（5）議論・分析と結論、（6）論文執筆力、（7）APA スタイル準拠、（8）総合的に見た論文の質。この8つは、良い論文の特徴を押さえているといえる。なお、（7）にある APA とは、American Psychological Association のことで、アメリカで最も権威がある心理学の学会である。APA スタイルは、言語学、応用言語学、英語教育学はもちろんのこと、多くの研究分野において使用され、学術誌の執筆要領などには、「書式は APA に準拠すること」と書かれていることが多い。

　学術誌の査読に合格するための基準を理解するために参考になるのが、修士論文や博士論文の審査基準である。関西学院大学大学院文学研究科は、修士論文の審査基準を次のように示している。（1）研究テーマの適切性：研究目的が明確で、課題設定が適切になされていること。（2）情報収集の度合い：当該テーマに関する先行研究についての十分な知見を有し、立論に必要なデータや資史料の収集が適切に行われていること。（3）研究方法の適切性：研究の目的を達成するためにとられた方法が、データ、資史料、作品、例文などの処理・分析・解釈の仕方も含めて、適切かつ主体的に行われていること。先行研究に対峙し得る発想や着眼

点があり、それらが一定の説得力を有していること。(4) 論旨の妥当性：全体の構成も含めて論旨の進め方が一貫しており、当初設定した課題に対応した明確かつオリジナルな結論が提示されていること。(5) 論文作成能力：文章全体が確かな表現力によって支えられており、要旨・目次・章立て・引用・注・図版等に関しての体裁が整っていること。この修士論文の審査基準は、よくまとまっており、学会が発行する学術誌の審査基準と共通している。

　国内外の学会の学術誌に論文を投稿した研究者なら経験したことがあるのは、論文査読者の的外れのコメントであろう。論文が扱う分野の最新の動向を把握しきれていないことが明らかにわかるコメント、該当分野に対する深い理解が不足していることからくるピントのずれたコメント等があげられる。しかもコメントに対応した書き直しを行い、そのうえで再提出をしたにもかかわらず、時にはその書き直した論文がリジェクトされたりすることがあり、投稿者が納得できない場合もある。

　なぜ論文査読者が的外れのコメントをすることがあるかについては、査読をするという立場を経験した者なら容易にわかる。本来は、査読する論文について適切に評価できるという適格性が求められる。従って当該分野の専門的能力を持ち合わせている場合のみ査読を引き受けるべきである。しかし、査読者の中には、自分の研究分野と完全には一致していない分野の論文の査読を担当しなければならない場合もある。具体的な例をあげて説明しよう。応用言語学の中にはバイリンガリズム、語用論、文体論、異文化間コミュニケーション、社会言語学、言語政策、第二言語習得、談話分析、コーパス言語学といった具合に様々な分野がある。日頃は中間言語語用論を研究している研究者が、査読者の中で十分な人数の適格者を学会が確保できていないことと、過去にコーパス言語学に関する論文の業績もあるという理由で、コーパ

ス言語学の日本語と英語の統語構造を明示的に比較対照する研究
に関する論文の査読をしなければならない場合を考えてみよう。
もちろん査読者は、理論実証的な研究論文としての体裁や論理的
な良い英語で書かれているかどうかは審査できる。しかし、当該
分野の最新の研究動向を把握したり、データの分析、解釈が先行
研究からみて適切か、またオリジナリティーがあるかどうかにつ
いて判断するのは無理がある。このような理由から論文査読者の
的外れのコメントがあるのは事実である。しかし、コメントの中
には論文投稿者が気づかなかった点を指摘してくれたり、次の研
究につながるヒントを得ることができる建設的立場からのものも
ある。査読者のコメントに従って書き直すプロセスは、必ずしも
当該分野の専門家とはいえない研究者にも十分わかるように記述
するためのよい勉強の機会になるのは確かである。査読者の建設
的批判を基に論文を書き直し、オープンアクセスの学術誌に英語
で論文を掲載すると、世界中の研究者に自分の研究を発信でき、
貴重なフィードバックを得るといったことも可能となる。

　本章では研究の種類と方法について、さらに研究成果を論文と
してまとめるために押さえておく必要のある基本的なポイントに
ついて、研究の初心者である学部生にも理解してもらえるように
記述した。より専門的な研究をするのに役立つデータ分析の解釈
といった研究法をテーマに論じたわけではない。
　論文は一般的にタイトル、要旨、本文、引用文献で構成され
る。要旨は、目的に至る背景、研究目的、研究方法、主な結果、
結論・示唆からなる。本文は、序論、先行研究、方法、結果、考
察、結論からなる。序論では研究テーマの導入をする。先行研究
は、問題の所在、あるいは研究の背景と書かれていることもあ
り、研究の意義を示す。方法では、研究結果の妥当性や信頼性を

検討できるために研究方法を具体的に記述する。結果では、研究で得られたデータを要約して示す。考察では、量的研究においては、研究結果に基づき研究課題に対する回答を示す。質的研究においては、結論の要約、結果の解釈、広い視点から結果の意義を位置づける。そして結論では研究から得られた知見を簡潔に説明する（酒井，2016）。以上の構成に従い、自分の研究を論文としてまとめ発表をする。以上の過程を繰り返すことにより、自分の研究スキルを向上させることができる。研究とは、小さなことを積み上げていくという、地道な作業の繰り返しであることを心得ておく必要がある。

注）

1) 亘理（2016）は自分の興味・関心のある分野の文献を、概念の検討・整理を目的とした理論研究と、仮説の検証や事象の理解を目的とした実証研究に分けて収集することを薦めている。また、研究テーマを選択するための重要な要素として、(1) やりたいこと（興味・関心）、(2) やるべきこと（研究価値）、(3) やれること（実行可能性）の3つをあげている。

2) Borg は実践研究を teacher research とよんでいる。

3) 研究課題を絞り込むために先行研究を行うわけであるが、その際には批判的レビュー・アプローチと事例中心アプローチがある（川﨑，2010; King, Keohan, & Verba, 1994）。批判的レビュー・アプローチは演繹主義的アプローチであり、先行研究から問題を見つけ出そうとする方法である。例えば、先行研究文献で重要であるとされているが体系的な検証をされていない仮説の検証を試みる場合などである。事例中心アプローチは帰納主義的アプローチであり、先行研究を通して培われた知識と事実の観察に照らし合わせて問題点や要因を浮かび上がらせようとする方法である。例えば、検証したい仮説が支持される確率が最も高い事例を選び、実際に支持されるかどうかを調査する場合などである。（亘理，2016）。

4) この批判的検討の項目は、質的研究ではなく、量的研究を想定している。

5) 質的研究は、何を発見できるかを予測するものではなく、ある方向を示すものである。Richards & Morse（2012）は、次のような場合は質的研究が適していると述べている。(1) ほとんど知られていない、また既知の知識

12

では不十分な領域を理解するために、対象を新たな視点から見直したい場合、(2) 複雑な状況や多重的な背景を持つデータ、変化しながら移ろいゆく現象の意味を理解したい場合、(3) ある状況やそれを経験しているプロセスにいる対象から、それに置いている意味や自身が経験している解釈の仕方を学びたい場合、(4) 研究者自身のものの見方や既存の研究結果ではなく、実現を反映した理論や理論的な枠組みを構築したい場合、(5) 現象を深く詳細に理解したい場合。

6) Seliger & Shohamy（1989）は検証型の課題は仮説駆動的（hypothesis-driven）であり、探索型の課題はデータ駆動的（data-driven）であると述べている。

7) 量的研究は主に統計処理を用いた分析が行われる。統計処理には descriptive statistic とよばれる記述統計と、inferential statistic とよばれる推測統計がある。記述統計は、手元にあるデータの特徴を分析するための手法である。一方、推測統計とは、手元のデータから、母集団の特徴について推測する手法である（藤田, 2016）。

8) 量的研究と質的研究を組み合わせる混合研究法とよばれる研究法もある。この研究法は、量的研究のみ、あるいは質的研究のみでは解明できない問いに答えることができる可能性を秘めている。高木（2016）は、混合研究法による質的データの扱いは 2 つあると述べている。1 つ目は、量的データが主たるデータで、質的データが補完的役割を担う場合である。ここでは、質的データの結果は量的データの結果の解釈を強めることができる。もう 1 つは、量的データと質的データが同等に扱われる場合である。ここでは、量的データと質的データの結果を統合して結果の解釈をすることになる。混合研究法は量的研究と質的研究の利点を生かしたものであるといえる。しかし、量的研究と質的研究の両方に精通することは難しい上に、データの分析や研究デザインの設定に専門的な知識が要求されるため、研究者の負担が大きいという問題点も指摘されている（中村, 2007）。

9) インパクトファクターとは、日本語では「引用影響度」とよばれ、自然科学・社会科学分野の学術誌を対象として、その雑誌の影響度、引用された頻度を測る指標である。具体的には、2 年分の論文が翌 1 年間に引用された回数を、2 年分の数値で割った値である。論文を書く際は先行研究を引用するわけであるが、より多く引用された論文が多く掲載されている学術誌ほど強い影響力があるというのがインパクトファクターの基本的な考え方である（逸村・池内, 2013）。2009 年頃からはオルトメトリクス（altmetrics）という、個別の論文に対するソーシャルメディアによる反応を定量的に測定するといった、被引用数とは異なる手法によって論文単位で影響

度を指標化する手法も現れた。オルトメトリクスは alternative metrics の2語を組み合わせた造語である。このオルトメトリクスは、論文の質的な評価としての精度は未知数である。オルトメトリクスを用いた影響度測定が運用面で安定し、研究評価方法として確立するまでは、ある程度の時間を要する（林，2013）。ただ電子ジャーナルの時代になり、オープンアクセス化の浸透により、広い分野から大量の論文を集めるオープンアクセス・メガジャーナルの影響力が大きくなったことにより、最近ではオープンアクセスとオルトメトリクスの組み合わせに注目が集まるようになってきた。

第2章

第二言語学習の動機づけ

　第二言語習得（second language acquisition）[1] において、動機づけは言語の習得を成功させるためのきわめて重要な要因である（Cheng & Dörnyei, 2007; Guilloteaux & Dörnyei, 2008）。日本人は学校で外国語としての英語を学習するが、十分な動機づけがあれば英語力をつけ、その力を維持することが可能である（Shrum & Glisan, 2020）。英語学習がうまくいくかどうかは動機づけ次第であるといえる（住吉，2014）。

　第二言語習得の分野では動機づけに関して、これまでに多くの研究が行われてきた（Al-Hoorie & Macintyre, 2019; Csizér & Kormos, 2009; Dörnyei, 2001; Dörnyei, Henry, & Muir, 2016; Dörnyei & Ushioda, 2010; Ellis, 2008; Gardner, 1985; Hiver, & Al-Hoorie, 2019; 守谷，2002; Nakamura, 2019; Oxford, 2011）。本章ではこれまでの動機づけ研究の流れを概観し、動機づけ理論を整理し、第二言語習得に必要な動機づけの解明を試みる。

1 ｜ 動機づけとは

　学習における個人差による要因のことを学習者要因[2] とよび、動機づけはこの中に含まれる（Ellis, 1994, 1997, 2015; 小西，1994; Larsen-Freeman & Long, 1991; Skehan, 1989）。動機づけの定義は様々である[3]。

　Gardner（1985）は動機づけを「言語学習におけるゴールを達

成しようとする努力と、学習言語に対する好意的態度」と定義した。Crook & Schmidt（1991）は、動機づけは 7 つの要素から構成されるとした。それらは「興味」、「関連性」、「成功／失敗の予測」、「報酬への信頼」、「意思の固さ」、「一貫性」、「活動レベルの高さ」である。Dörnyei（1999）は動機づけを「人間の行動の方向と規模を決めるもの」と定義し、「なぜ人がそれを行うのか」、「どのくらいその活動を維持しようとするのか」、「いかにそれを手に入れようとするのか」を説明するものであるとした。Dörnyei & Ushioda（2010）は動機づけを「人がなぜあることをしようと決め、どのくらいの期間それを喜んで続け、どのくらい熱心にそれを達成しようとしているかである」と定義している。

　日本の研究者の動機づけの定義としては、鹿毛（2013）の「行為が起こり、活性化され、維持され、方向づけられ、終結する現象」や廣森（2010）の「特定の行動を生起し、維持する心理的メカニズム」をあげることができる。廣森（2010, 2015）は動機づけの中身を 3 つの要素から捉えている。それらは、ある行動の目標や目的を規定する「動機」（motive）、ある行動の目標や目的の強さを規定する「動機づけ」（motivation）、ある行動への働きかけを規定する「動機づける」（motivate/motivating）である。

　動機づけ研究には社会心理学的アプローチ、教育心理学的アプローチ、社会文化的アプローチ、動機づけ方略アポローチ、自己動機づけアプローチ等、様々なアプローチがあり、どのアプローチから動機づけ研究をするかによって、動機づけの定義、研究目的、研究手法は異なる。

2 ｜ 動機づけ研究の流れ

　1960 年前後から第二言語習得の分野において動機づけ研究が

行われるようになった。Gardner & Lambert（1972）は志向（orientation）を、言語学習を行う理由と同義であるとした。そして、志向には統合的と道具的の 2 種類があると述べている[4]。統合的志向すなわち統合的動機づけ（integrative motivation）は、目標言語話者の集団やその文化・社会への好意的な態度に基づくものである。一方、道具的志向すなわち道具的動機づけ（instrumental motivation）は、将来よりよい仕事や待遇を得るために有利な側面への関心に基づくものである。この Gardner らによる社会心理的アプローチが動機づけ研究の出発点である。特に統合的動機づけは言語習得の視点に立っており、現在までその概念の解釈や学習成果との関連をめぐっては多数の研究が行われている（廣森, 2015）。

Deci（1975）は教育心理学的視点から動機づけを内発的動機づけ（intrinsic motivation）と外発的動機づけ（extrinsic motivation）に分けた[5]。この 2 つの動機づけに代表されるのが自己決定理論（self-determination theory）である（Deci & Ryan, 1985; 2002）。この理論は、動機づけには、自己決定的、内発的プとセスと、制御的、外発的なプロセスの連続体の中で、外的要素を個人に統合する規制過程があると考える（小柳, 2013）。中田（2011）は自己決定理論について、学習する理由や目的を中心に動機づけを捉えており、どのように動機づけるかという課題は間接的なつながりしかなく、また様々な制約がある学校や教室の文脈を十分配慮していないと指摘している。

1990 年代後半から教育現場を意識した研究が増えてきた。Dörnyei & Csizér（1998）、Dörnyei（2001）、Cheng & Dörnyei（2007）は動機づけ方略（motivational strategies）[6]について論じている。この動機づけ方略アプローチの他にも、Norton（1995）、Ushioda（2001, 2008）の社会文化論的・状況論的アプローチ、

William & Burden（1997, 1999）、William, Burden, Poulet, & Maun（2004）の社会構造的アプローチ、Li（2006）、Nakata（2009）に代表される実践者研究、Sakai & Kikuchi（2008）、Kikuchi（2009, 2013, 2015）の動機喪失（demotivation）研究などは第二言語習得の動機づけ研究に新たな動きをあたえた。以下、代表的な動機づけについての考察を行う。

3 ｜ 代表的な動機づけ研究のアプローチ

3.1 社会心理学的アプローチ

　動機づけ研究は先にも述べたとおり Gardner & Lambert（1972）と Gardner（1985）の民族言語的状況や社会環境に視点をおいた社会心理学的アプローチがその始まりである。第二言語習得における動機づけ研究の多くは、このアプローチに端を発しており、その後の動機づけ研究の大きな流れを作った（中田, 2011）。

　Gardner & Lambert（1972）は動機づけを統合的動機づけと道具的動機づけに分けた。Gardner（1985）はカナダのモントリオールでフランス語を学ぶ高校生を対象に調査を行い、統合的動機づけがある方がフランス語の習熟度が高かったとしている[7]。しかし、カナダ以外の場所で調査された結果[8]は、必ずしも Gardner（1985）の結果とは一致していない（小柳, 2013）。Au（1988）は、第二言語学習によって得られる文化的、社会的意義の認識が国として異なるからであると述べている[9]。

　Dörnyei（2001）、Nakata（2006）、Ellis（2008）は統合的動機づけの概念は広く、道具的動機づけとの区別もあいまいであると

指摘している。現在では、村野井（2006）が述べているように、2 つの動機づけは相反するのではなく、ほとんどの場合、1 人の人に 2 つが同居していると考えられるようになった。

3.2 教育心理学的アプローチ

　内発的動機づけと外発的動機づけは、アメリカの心理学者である Deci & Ryan（1985, 2002）が提唱した自己決定理論の中心的概念である（Noels, 2001; Noels, Pelletier, Clément, & Vallerand, 2000; Vallerand, 1997）。自己決定理論は動機づけの強さ、すなわち自己決定感のレベルを内発的動機づけ、外発的動機づけ、非動機づけ（amotivation）の 3 段階に分けた。さらに外発的動機づけを外的調整（external regulation）、取り入れ的調整（introjected regulation）、同一化的調整（identified regulation）、統合的調整（integrated regulation）[10] の 4 つの段階に細分化し、動機づけの強さのレベルを多面的に捉えようとした。

　自己決定度が最も低い段階の外的調整で、外的な報酬や罰、他者からの働きかけによって行動が開始される。取り入れ的調整で、明らかな外的な働きかけはないが、自尊心を保つために、あるいは恥をかくことを避けるために義務や必要性を感じながらも自ら活動に取り組む。同一化的調整で、行動が持つ価値を認め、個人的に重要であるからなどの理由で、自発的に行動がなされる。統合的調整で、すでに自己の一部となっている価値観、目標、欲求などと一致するため、自己内で葛藤を生じずに行動することができる。そして内発的動機づけで、興味や楽しさなどのポジティブな感情によって動機づけられ、行動の理由が完全に個人の内側にあるものである。これら一連の動機づけは個人の外側にある価値を自己と一致させていく内在化の過程に沿って 1 次元上

に位置づけられるといえる（JACET SLA 研究会，2013）。

　自己決定理論では、人間には元来、自立性（autonomy）の欲求、有能性（competence）の欲求、関連性（relatedness）の欲求があるとしている（Deci & Ryan, 1985, 2002）。自立性の欲求とは、自分の行動が自己決定的で、責任感を持ちたいという欲求である。有能性の欲求とは、やればできるという自信や自分の能力を示したいという欲求である。関係性の欲求とは、周囲の人や社会と密接な関係を持ち、連帯感を味わいたいという欲求である（吉田，2009）。この３つの欲求がすべて満たされることによって、価値の内在化と自律性が高くなり、自己調整が行われ、内発的に動機づけられ、ある行動へ向かう（瀧沢，2012）。自己決定理論は動機づけ研究のメインストリームと位置づけられ（伊田，2015）、日本における英語教育などの分野で実践が行われている（廣森・田中，2006）。

3.3 新たな方向性を志向したアプローチ

　第二言語習得に関する動機づけ研究は、社会心理学的アプローチと教育心理学的アプローチを基に発展を遂げてきた[11)]。ただし、社会心理学的アプローチは外国語文化圏、あるいは教室での適用の妥当性に疑問の余地があり、教育心理学的アプローチは、あくまで教育現象一般を対象としたものであることから、言語学習の特殊性をより加味したモデル構築への機運が高まった（廣森，2010）。

　このような時に登場したのがコミュニケーション意欲（willingness to communicate, WTC）という概念である。WTC は、ある状況において目の前の相手と積極的にコミュニケーションをしようとする姿勢を指す。高いコミュニケーション意欲を持ってい

れば、コミュニケーションの機会が増え、周りとの関係が築かれ、自分のコミュニケーションに対する反応を得る機会も増え、結果的にコミュニケーション能力の向上につながる（馬場・新多，2016）。

　WTC の研究は第一言語を対象に始まったものであるが[12]、第二言語でもその妥当性が確認された（MacIntyre & Legatto, 2010; Yashima, 2002; Yashima, Zenuk-Nishide, & Shimizu, 2004）。

　MacIntyre, Clément, Dörnyei, & Noels（1998）は、第二言語を使用する時の個人的な心理的要因と社会的要因を統合し、6 構造の探索的モデルを示した。このモデル[13] により、より包括的な枠組みの中で学習動機を捉えることが可能になった（廣森，2010）。MacIntyre, Clément, Dörnyei, & Noels（1998）が提示したモデルの有効性については、コミュニケーションの自信と、特定の相手とコミュニケーションをする意思が、第二言語での WTC に影響をあたえる要因であることが検証された（MacIntrye, 1994; MacIntryre & Charos, 1996）。また、性格や性別のような個人的要因も第二言語での WTC と統計的に有意な関係があることがわかった（Baker & MacIntyre, 2000; MacIntryre & Charos, 1996）。

　WTC モデルの概念が提示される一方で、Csizér & Dörnyei（2005）と Dörnyei（2005）は、第二言語を使う自己動機づけシステム（L2 motivational self system）というモデルを提案している。このモデルは「第二言語を使う理想の自己」（ideal L2 self）に加え「第二言語を使う理想とすべき自己」（ought-to L2 self）という概念を示している。この枠組みに基づけば、これまで議論されてきた動機づけの概念を矛盾のない形でモデルに取り組むことができるだけではなく、より具体的にイメージしやすい形で学習動機づけを捉えなおすことができる（廣森，2010）。今後は、Csizér & Dörnyei（2005）と Dörnyei（2005）による動機づけモ

デルを基盤とした実証研究が行われることにより、動機づけ研究
は着実に発展していくといえる。

　本章では、これまでの動機づけ研究の流れを概観し、動機づけ
理論を整理し、第二言語習得に必要な動機づけの解明を試みた。
動機づけの研究には多くの可能性が秘められている。最近では、
動機づけは、安定したものではなく、流動的なもの[14]であると
いう考え方へと変化してきた。そして動機を高める要因[15]、動機
を減退させる要因[16]の研究が進められている。今後は、動機を
変容させる要因と動機の強さを捉えることで動機づけのダイナ
ミックスを生み出すメカニズムを明らかにし、英語教育に有益な
示唆を与えることができる研究を行っていく必要がある。

注)
 1) 学習者にとって母語を習得後、2番目、3番目などに学ぶ言語の総称であ
　　る。
 2) 学習者要因は、年齢、性別、適正、学習スタイル、動機、メタ認知、学習
　　ストラテジーなど、多岐にわたっている。このうち年齢、性別、適正、学
　　習スタイルは比較的安定した要因であり、教育的介入により性質が変容し
　　にくいと考えられている。一方、動機、メタ認知、学習ストラテジーは教
　　育的介入により変化を引き起こすことが比較的容易な要因ということがい
　　える（竹内，2010）。
 3) 中田（2011）は、動機づけの概念が複雑な要因からなり、多面的な概念で
　　あることから、研究者はどのような視点から、何を探求対象にしたいのか
　　を事前に特定し、研究目的や研究のアプローチに従った定義づけを行うべ
　　きであるとして、次の10項目をあげている。(1) 対象者は学習者か教師
　　か、その両方か、(2) 学習者の視点から動機づけを捉えるか、あるいは教
　　師・教習法の視点から動機づけを捉えるか、(3) 複数の教育機関を対象と
　　するのか、特定の学校文脈を対象とするのか、(4) 対象者は学習グループ
　　全体か、または個々の学習者か、(5) 特定の言語文化学習グループを対象
　　とするか、言語学習者一般を対象とするか、(6) 研究対象領域は心理的側
　　面か行動的側面か、その両方か、(7) 動機づけを情意要因として捉える

か、認知要因として捉えるか、その両方か、(8) データ収集は質問紙によ
るかインタビューによるか観察によるか、またはこれらの組み合わせによ
るか(その場合、量的データと質的データの何れを主とするか)、(9)
データ収集及び分析は横断的か、あるいは縦断的か、(10) 研究者の立ち
位置はインサイダーか、アウトサイダーか。

4) 小林 (2016, 2018) は、統合的動機づけと道具的動機づけの分類は、外国
語としての日本語教育研究での分類とは一致せず、この動機づけの分類は
疑問が残るとしている。

5) 市川 (2011) は、内発的動機づけを「何か他の報酬を得るための手段とし
てではなく、それを満たすことを目的とされた欲求」、外発的動機づけを
「何らかの他の欲求を満たすための手段としてある行動をとること」と定
義している。Van Els, Bongaerts, Extra, Van Os, & Dietem (1984) は、
内発的動機づけは長期的に成功へ結びつきやすく、外発的動機づけは短期
的に成功へ結びつきやすいと述べている。現在においても教育心理学の分
野では、内発的動機づけと外発的動機づけは、教育実践と関連づけた議論
が続けられている (小林, 2016)。

6) Dörnyei (2001) では学習を段階に分けている。その段階とは、目標設定
である行動前段階 (pre-action stage)、生み出された動機づけが維持され
る行動段階 (action stage)、そして学習とプロセスが回顧的に評価される
行動後段階 (post-action stage) である。

7) 英語とフランス語のバイリンガル国家であるカナダ出身の Gardner は、
この研究で英語母語話者のカナダ人がフランス語を学習する際の動機づけ
を念頭に置いている。英語母語話者のカナダ人の周りには、フランス語を
母語とする知人やコミュニティーがあることは珍しくない。こうした環境
で第二言語を学ぶ場合は、コミュニケーションをする具体的な誰かが想定
されていることがよくある。第二言語を話す知人やコミュニティーに好意
的な気持ちがあれば学習に熱心に取り組める。逆に否定的な気持ちがあれ
ば学習の障害になる。身近に英語を母語とする知人やコミュニティーがほ
とんどない日本とは、学習環境は大きく異なるといえる (馬場・新多,
2016)。

8) Gardner & Lambert (1972) は、フィリピンでの英語学習調査で、道具的
動機づけが強い学習者の方が言語到達も高かったという結果を得た。Luk-
mani (1972) はインドで英語を学習するマラティ語を母語とする高校生
を対象に調査し、道具的動機づけが強い学習者の方が言語習熟度も高いと
いう結果を得た。

9) Au (1988) には Gardner の一連の研究に対する批判がまとめられている。

10) 外発的動機づけの4つの下位区分については定まった日本語訳がないため、上淵（2004）の翻訳に従った。

11) Oxford（1996）、Dörnyei & Schmidt（2001）、Dörnyei & Ushioda（2009）のように、ある研究が盛んになると、その研究への批判から課題の異なる研究が生まれる。Nakata（1995, 2010）、Yashima（2002）、Yashima, Zenuk-Nishida, & Shimizu（2004）のように既存の研究が研究者自身の文脈に適合しなければ、新たな方向性の研究が生まれる。社会心理学的アプローチも教育心理学的アプローチの影響を受け、教育心理学的アプローチも社会心理学的アプローチの影響を受けて進化してきた（中田, 2011）。

12) WTCの研究は、第一言語において、人はどのような状況の時にどのような相手と話したがらないかということを考える研究からはじまった（Burgoon, 1976）。McCroskey & Richmond（1991）は、第一言語のWTCの概念では、コミュニケーション好きの傾向は、個人の気質によって決定されることが多いと述べている。

13) しかし、このモデルは概念モデルであることから、個々の要因が互いにどのように関係しているかは示されていない。

14) Dörnyei & Otto（1998）は、動機づけは常に変化していると考え、プロセス・モデルを提唱した。このモデルは、活動を始めるまでの「選択の動機づけ」（choice motivation）、活動中の「実行の動機づけ」（executive motivation）、活動終了後の「動機づけに関する振り返り」（motivational retrospection）の3つの段階があるとした。

15) 菊池・酒井（2016）は動機を高める要因として、「教師に関する要因」、「授業の内容／特質」、「学習経験」、「目標設定」、「学習方法」、「教室環境」、「有能性」、「内発的動機」を上げている。

16) Kikuchi（2013）は動機を減退させる要因として、「教師に関する要因」、「授業の内容／特質」、「失敗経験」、「授業環境」、「授業教材」、「英語に対する内発的動機の欠如」を上げている。これらの要因のなかでも、教師に関する要因が動機減退に強く影響を与えているという研究結果が多くみられる（Falout, Elwood, & Hood, 2009; Kim & Kim, 2013; Tsuchiya, 2006）。

第 3 章

コンピュータ適応型テスト における英語力の測定

　入試制度の多様化に伴い、大学に入学してくる学生の英語力には多くの差がある。そのような中で、学生が無理なく英語力を育成できる体制が必要であり、全国の大学で習熟度別クラス編成の導入が広がっている（西出，2019; 小笠原，2011; 大谷他，2014; 隅田他，2016; 田原他，2001; 高橋，1999; 勅使河原他，2013）。大妻女子大学では、1 学部以外は全学共通科目「英語」において学生の学習効果の向上を目的とした習熟度別クラス編成を実施している。

　習熟度別クラス編成のためには、英語プレイスメントテストを実施し、その得点を指標にクラスが編成される。学生は入学時にプレイスメントテストとして CASEC（Computerized Assessment System for English Communication）を受験し、その得点によって英語のクラス編成を行っている。CASEC は PBT（paper-based testing）では限界があることから導入が進んだ CBT（computer-based testing）方式のテストの中でも最近注目を集めているコンピュータ適応型テスト（CAT, Computerized Adaptive Testing）である。

　CAT はコンピュータを使い、個々の受験者の能力に合った項目をコンピュータが適宜判断しながら出題することにより、従来のテストに比べると短い時間で、より正確に受験者の能力を測定することができ、コンピュータとインターネットに関わる技術の進歩により実現したテストである。中村（2007a: 4）は CAT を「コ

ンピュータを使用し、項目応答理論によって事前に特性値が算出されているテスト項目を、各受験者の応答を適時判断しながら出題し、効率よく受験者の能力推定値を算出するテスト」と定義している。CATというテストの形態が定着したことにより、言語テスト理論は、素点をもとにしている古典的テスト理論（CTT, Classical Test Theory）から項目応答理論（IRT, Item Response Theory）へと進化した（水本, 2016; 竹内・水本, 2012）。急速に情報技術が進む中で、テストそのものの形態も新たな段階に入ったといえる。

　本章では、CBT の経過発展、CTT と IRT、CAT の原理、CAT 型のテストを導入した CASEC ついて考察し、CASEC での測定を利用した学生の英語力の変化についても報告する。

1 │ コンピュータを利用したテストの 4つの世代

　Bunderson, Inouye & Olsen（1988）と Olsen（1990）は、コンピュータを利用したテストが以下のように 4 世代を経過して発展すると考えた。

- Generation 1: Computerized testing (CT):
  administering conventional tests by computer
- Generation 2: Computerized adaptive testing (CAT):
  tailoring the difficulty or contents of the next piece presented or an aspect of the timing of the next item on the basis of examinees' responses
- Generation 3: Continuous measurement (CM):
  using calibrated measures embedded in a curriculum to

continuously and unobtrusively estimate dynamic changes in the student's achievement trajectory and profile as a learner

・Generation 4: Intelligent measurement (IM):
producing intelligent scoring, interpretation of individual profiles, and advice to learners and teachers, by means of knowledge bases and inferencing procedures

　第1世代型のコンピュータテストは、従来の紙のテスト内容をそのままコンピュータによって実施したに過ぎない。筆者が注目したいのは第2世代型と第3世代型である。

　第2世代型のCATは先に述べたとおり、被験者の応答に基づいて次に実施する最適項目をコンピュータが選択提示するテスト方法である。第3世代型の連続測定モデルにおいては、まず始めに「完全習得地図（mastery map）」と呼ばれる、ある単元において習得すべき事項が系統立てて記述されている表の作成から始まる。次にこの完全習得地図に基づき、単元ごとに習得状況を把握するための演習課題を作成する。学習者はある単元の学習が終了する毎に、対応した演習問題を受験し、自己の習得状況を確認する。演習課題により、未習得な部分が検知されたら、追指導や独習などが行われる。このように各自の習得状況を確認しながら学習を進行し、その習得結果を可視的に指導者と学習者が共有可能な個人別習得地図に反映させるのが連続測定モデルの特徴である。学習者の軌跡とプロフィールの時間的変化を、連続的に測定するカリキュラム一体型の測定といえる。第4世代型の知的測定は、知識と推論機構を持ったシステムによって、知的な採点を実施する測定である。

　受験者の能力の「到達度合」を測るのか、「学習の進捗度合」を

測るのか、受験者集団の中の「相対的な個人の位置づけ」をみるのか、あるいは受験者集団の「傾向」を分析するのか、テストの目的は多数考えられる。テストは、その目的に応じて正しく設計されなければ、正しく測定できない。テスト作成者は、人の能力を正しく測定することを考え、そのためのテスト技術を研究開発し、実践していく必要がある。

2 | CBT 型のテスト

CBT とは Computer Based Testing の略称で、PBT のように問題用紙やマークシートなどの紙を使うことなく、コンピュータで受験する方式のテストで、テストにおける行程は全てコンピュータ上で行われる。CBT は 1986 年に ETS（Educational Testing Service）[1] による米国の大学生の習熟度別クラス編成用のテストに使用されたのが最初である。

CBT は PBT に比べると様々な点において優れている。CBT の利点としては、自動採点等による迅速かつ明確な結果通知、高いセキュリティ、柔軟な試験実施、IRT に基づく適切な設問設定等をあげることができる。

2.1 CTT と IRT

言語テスト理論は CTT と IRT の 2 つに分類することができるのは先に述べた。CTT のテスト得点は、本来は順序尺度の情報しか持っていないため、足したり引いたりという計算は間隔尺度であるとみなして行っている。そのため、45 点と 55 点、85 点と 95 点は両方とも同じ 10 点差という等間隔ではないであろうものを等間隔とみなすことになる。一方、IRT では、素点を間隔

尺度のロジット（logit）という間隔尺度に変換するため、純粋な間隔尺度上での点数の比較が可能になる（水本，2016）。

　受験者能力やテストの項目特性、そして測定の精度も CTT の場合は受験者集団や使用するテストに依存するため、結果として得られた点数の評価については能力の高い（もしくは低い）受験者集団が受験していたせいなのか、テスト項目が難しい（もしくは簡単な）ためその点数になったのか、テストを実施してみてはじめてわかることになる。一方 IRT では、このような CTT の問題点を克服できる（水本，2016）。

　異なる受験者集団に異なるテストを実施し、そのテスト得点が比較可能となるようにするには等化（equating）が用いられるが、CTT ではそのような等化は非常に困難である。一方、IRT では等化が容易にできるため同一尺度上での比較が可能となる（大友，2009）。

　IRT を用いるとテスト項目を多く集めたアイテムバンク（item bank）を作り、その中から受験者個人の能力に応じた問題を出題し、能力を測定する CAT の実施が可能になる。

2.2　CAT 型テストの原理

　CBT はコンピュータ上で実施されるテスト一般を指す[2]。CBT の中でも、IRT に基づく CAT の開発は画期的である[3]。CAT は IRT によって推定されたパラメータの付与された問題項目をアイテムプール（item pool）に置き、受験者の回答パターンに応じて、困難度の異なる項目を選んで出題することにより、短時間で高精度の受験者特性の測定が可能である[4]。受験者ごとに異なる問題を解いても、能力推定値の信頼性は IRT により保証されるわけである。

CAT は視力検査に例えられることがある（中村，2011）。以下、視力検査を参考に CAT の原理を見ていくことにする。視力検査ではランドルト環（Landolt ring）[5] が使われる。この輪はどこか一部分が切れて開いているもので、大きさが異なる。検査者は、まず大きい輪を指し、被検者が輪の切れ目を正しく答えたら、何段階か小さい輪を指す。それも見えるとさらに小さい輪に移る。被検者が正しく答えられない場合には、検査者は少し大きい輪に戻って、被検者に見えるぎりぎりの境界を探す。最終的には見える範囲で最も小さい輪の横に書いてある数字を視力として判定する。

　この輪の横に書いてある数字が、テストの場合は困難度に相当する。CAT では視力検査ほど単純ではないものの、その原理は同様で、難易度が高い問題項目と難易度が低い問題項目を織り交ぜて出題することによって、その受験者がぎりぎり正解できる難易度を探る。視力検査と同じように、受験者の解答の正誤により、次に出題すべき問題項目の難易度を決めて出題する。これら一連の作業を検査者に代わってコンピュータが行うので Computerized Adaptive Testing とよばれているわけである。（今井，2011）。

3 | CASEC

　CASEC はインターネット環境があれば、いつでも自由に受験でき、CAT 型のテストなので従来のペーパーテストに比べて短時間で、正確な測定が可能である。試験時間の平均は約 40 分〜50 分で、他の英語テストと比較すると短い時間で終了することができる。またその場で採点が行われ、テスト終了後すぐにスコアが表示される。

　出題は 4 分野で構成されている。

・セクション1：コミュニケーションに不可欠な「語彙の知識」

　　日常生活・学校生活・ビジネスの場などに密着したシチュエーションの中で実際によく使われる、語彙の知識を測定する。

（問題形式：空所補充、解答形式：4肢択一）

・セクション2：コミュニケーションに不可欠な「表現の知識」

　　日常生活・学校生活・ビジネスの場などに密着したシチュエーションの会話の中で、実際によく使われる表現の知識及びその用法を測定する。

（問題形式：空所補充、解答形式：4肢択一）

・セクション3：「リスニングでの大意把握力」

　　日常生活・学校生活・ビジネスの場などに密着したシチュエーションの会話やニュース・機内放送などを聞き、その内容の大意を理解する能力を測定する。

（問題形式：リスニング、解答形式：4肢択一）

・セクション4：「具体情報の聞き取り能力」

　　日常生活・学校生活・ビジネスの場などに密着したシチュエーションの会話などの多い情報の中から、コミュニケーションをはかる為の、または、内容理解のキーポイントとなる具体情報を聞き取る能力を測定する。

（問題形式：リスニング、解答形式：ディクテーション）

　受験終了後はCASECのスコアと同時に、CASECスコアとTOEIC® L & Rスコアの目安、TOEFL iBT®スコアの目安、日本実用英検の級の目安が表示される。さらにCASECのスコア別アドバイスも表示される。詳細なスコアレポートとCASEC CAN-DOリストは学習に役立つフィードバックといえる。CASECのスコアとヨーロッパ言語共通参照枠（CEFR, Common European Framework of Reference for Languages: Learning, Teaching, Assessment）は対応しており、その対応づけは、Council of Europeが

公開している CEFR と他試験の対応付けマニュアル（Council of Europe, 2009）に基づいて行われている。

4 | 英語力の変化

　大妻女子大学では、入学してくる学生の英語力は様々であるため、習熟度別クラス編成に反対している１つの学部以外は、短期大学部も含め入学直前の３月に自宅でプレイスメントテストとして CASEC を受験してもらい、英語力によるレベル分けをした上で、学生のレベルに合ったクラス設定で授業を運営している。

　プレイスメントテストとして利用できるテストには様々なものがあるが、テストの信頼性と妥当性を大妻女子大学英語教育研究所が中心となり検討したうえで、現在は CASEC を採用している[6]。習熟度別のクラス編成を行う必要性からプレイスメントテストが行われているが、全国の大学では単にクラス分けのための利用に留まらず、様々な用途に利用する試みがなされている（隅田他，2016）。

　これらの用途としては、(1) プレイスメントテストを複数年度の学生の英語力比較に利用（石井，2008）、(2) 新カリキュラムの施行後に一定期間を経た時点でのカリキュラム効果測定に利用（岡田，2014; 関，2010）、(3) 新カリキュラム導入あるいは後の外国語教育実施のための検討資料の一部として利用（井，2003; 池田，2012; 岡村，2010; 高橋他，2011）の３つに大別される（隅田他，2016）。

　大妻女子大学では、CASEC を新入生の習熟度別クラス編成のためのプレイスメントテストとしての利用と共に、学生が自分の英語力を把握し、大学での英語学習に役立てること、教員が学生の英語力を客観的に把握し、指導に役立てることに利用している。

　学生の入学時の学力が明らかになれば、学年終了時にポストテストを行うことで大学での授業の効果を測ることができる。これまでは時間と経費を鑑みてポストテストは実施されてこなかったが、2020 年度は「大妻学院中期計画」の一環として、英語教育研究所と国際センターが協働して予算を獲得することができた。そこで筆者が担当する社会情報学部社会情報学科の 1 年生 3 クラスと、文学部コミュニケーション文化学科の協力により同学科の 1 年生全員を対象としたポストテストを実施した。ポストテストは 2021 年の 1 月末から 2 月上旬にプレイスメントテストと同じ CASEC を学生に受験してもらう形で実施した。社会情報学部社会情報学科と、文学部コミュニケーション文化学科のスコア分布は次のページの表 1 と表 2 にあるとおりである。

　スコア分布から、確かに 1 年生の入学 1 年後の英語力は伸びていることがわかる。特に社会情報学部社会情報学科では、その伸びはかなり顕著である。しかし、CASEC は英語の 4 技能の中でリスニングとリーディングの測定しか行っていない[7]。英語の授業の中には、発信型のスキルであるスピーキングとライティング力の育成を目的とした授業もある。大妻女子大学ではスピーキング力を身につける「課外英語力強化プログラム」を実施し、受講をしている学生も多い。全学の学生がいつでもどこでも利用できる英語 e-learning プログラムの利用者や、大妻女子大学英語教育研究所の行っている各種の英語講座の受講者も多い。これらの点から、CASEC の点数の伸びを習熟度別の授業の成果であると言い切るのは無理があるものの、授業が点数の伸長に良い影響を及ぼした原因の 1 つであることは間違いない。今後は、継続した調査を実施し、成績上位者クラスと下位者クラスの点数の推移なども見ていく必要がある。

表 1. CASEC スコア分布分析（社会情報学部社会情報学科）

スコア分布分析（実施回ごとの比較／グループ間比較）

	2020 年 3 月 － 4 月	2021 年 1 月 － 2 月
最高スコア	817	813
上位 25%平均	623	696
全体平均	524	581
下位 25%平均	443	475
受験者数	78	78

	2020 年 3 月 － 4 月		2021 年 1 月 － 2 月		比較
受験人数	78	人	78	人	
平均点	524.2	点	581.4	点	111%
0	0	0%	0	0%	0%
～50	0	0%	0	0%	0%
～100	0	0%	0	0%	0%
～150	0	0%	0	0%	0%
～200	0	0%	0	0%	0%
～250	0	0%	0	0%	0%
～300	0	0%	0	0%	0%
～350	0	0%	0	0%	0%
～400	0	0%	2	3%	3%
～450	12	15%	1	1%	－14%
～500	19	24%	9	12%	－13%
～550	25	32%	13	17%	－15%
～600	8	10%	24	31%	21%
～650	11	14%	12	15%	1%
～700	2	3%	10	13%	10%
～750	0	0%	4	5%	5%
～800	0	0%	2	3%	3%
～850	1	1%	1	1%	0%
～900	0	0%	0	0%	0%
～950	0	0%	0	0%	0%
～1000	0	0%	0	0%	0%

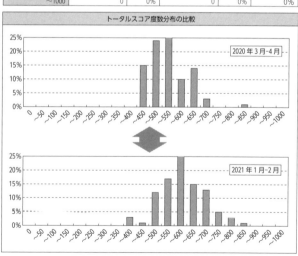

トータルスコア度数分布の比較

表 2.　CASEC スコア分布分析（文学部コミュニケーション文化学科）

スコア分布分析（実施回ごとの比較／グループ間比較）

	2020 年 3 月−4 月	2021 年 1 月−2 月
最高スコア	709	696
上位 25％平均	607	625
全体平均	475	498
下位 25％平均	334	352
受験者数	118	118

	2020 年 3 月−4 月		2021 年 1 月−2 月		
受験人数	118 　人		118 　人		比較
平均点	474.6 　点		498.1 　点		105％
0	0	0％	0	0％	0％
～50	0	0％	0	0％	0％
～100	0	0％	0	0％	0％
～150	0	0％	0	0％	0％
～200	2	2％	0	0％	−2％
～250	1	1％	2	2％	1％
～300	3	3％	5	4％	2％
～350	12	10％	5	4％	−6％
～400	11	9％	11	9％	0％
～450	16	14％	17	14％	1％
～500	20	17％	12	10％	−7％
～550	22	19％	23	19％	1％
～600	16	14％	19	16％	3％
～650	11	9％	17	14％	5％
～700	3	3％	7	6％	3％
～750	1	1％	0	0％	−1％
～800	0	0％	0	0％	0％
～850	0	0％	0	0％	0％
～900	0	0％	0	0％	0％
～950	0	0％	0	0％	0％
～1000	0	0％	0	0％	0％

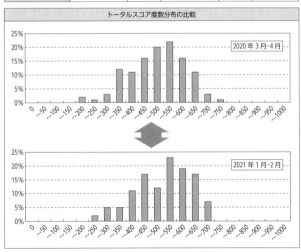

トータルスコア度数分布の比較

本章はCTTと比べたIRTの利点、CATの原理、CASECの特徴、プレテストとポストテストを利用した学生の英語力の変化について考察した。

　CASECは、IRTに基づくCAT型の信頼性と妥当性が高いテストである。CASECをプレイスメントテストとして導入する利点は、習熟度別クラスによる授業運営の効率化にとどまらない。新入生の英語力を測定したデータを蓄積し、その後の全学の英語教育の方針などを検討する材料として利用できる。さらに、入学時の学力が明らかとなれば、ポストテストを行うことで、授業の成果を測ることもでき、今後の授業のあり方を検討する材料とすることもできる。

　英語をスキルと捉えると、学生が自分の英語力を客観的に把握し、学力向上に役立てることができるテストはとても重要である。教員もテスト結果を基に学生の英語スキルを把握した指導が可能である。しかし、これはあくまでも英語のスキル習得に限定した場合である。大妻女子大学では全学共通科目「英語」において学生の異文化理解教育にも重きを置いている。テストの点数に縛られることのない英語教育といった視点も必要といえる。

注)

1) ETSは1947年に設立され、教育テスト・評価を実施する組織としては世界最大で、米国ニュージャージー州に本部を置く非営利団体である。ETSでは様々な標準テストを提供しており、TOEIC、TOEFL、GREなどの国際的大規模テストを提供している団体として有名である。

2) CBTはテスト項目の呈示方法により、直線（linear）型、無作為（random）型、適応（adaptive）型、シミュレーション（simulation）型に分けることができる。CBTはコンピュータ上で実施されるテストのことで、紙で実施していたテストをデジタル化してコンピュータ上で実施しても一般的にCBTとよばれている。

3) CATが注目され始めたのは最近であるが、研究自体は45年以上の歴史が

あり（Thomson & Weiss, 2011）、言語テストの分野では過去 35 年間行われてきている（小山，2010）。

4) CAT は上記に述べたような IRT の利点を十分活かした形式であるため、米国の GRE（Grade Record Exam）、GMAT（Graduate Management Admission Test）、SAT（Scholastic Aptitude Test）などのハイステイクス（high-stakes）な大規模テストでも利用されている。

5) 静止視力を測定する方法として国際的に広く用いられている視標。スイスの眼科医エドムント・ランドルト（Edmund Landolt）によって開発され、彼の名前がそのまま名称となっている。

6) プレイスメントテストそのものの信頼性や妥当性を検証した研究としては清水（1998）、土平・熊澤（2003）、吉田（2009）がある。

7) ㈱教育測定研究所は 2018 年 5 月、㈱イーオンによる開発協力のもと、英語初中級者を対象とした録音型英語スピーキングテスト「CASEC SPEAKING」を開始している。

第4章

小学校英語教育とCLIL

　2020年度から新小学校学習指導要領に基づき小学校3、4年生では外国語（英語）活動が、5、6年生では教科としての英語教育が行われている。2019年度まで5、6年生で行われていた外国語（英語）活動が3、4年生で実施され、5、6年生では評価を伴う教科としての英語が導入された。これにより、児童が小学校在学中に英語に触れる期間がこれまでの2年間から4年間へと増え、中学校、高等学校と合わせて10年間の英語教育が始まった。

　新小学校学習指導要領では、5、6年生の「教科としての英語」（外国語科）において英語の特徴やきまり（知識、技能）を活用し、情報を整理しながら考えなどを形成し、英語で表現したり、伝え合ったりすること（思考力、判断力、表現力等）ができる力が求められている。発達段階を考えても、小学校5、6年生は知的好奇心が高まり、興味関心の範囲も多岐にわたる時期であるので、思考活動を伴わない単純な英語学習ではすぐに飽きてしまう。児童の興味関心に対応して知的好奇心を刺激しつつ、内容や思考活動を伴う教授法としてCLIL（Content and Language Integrated Learning、内容言語統合型学習）は有効であるといえる。

　本章では、CLILの特徴について、その教育目標や性質を明らかにし、小学校英語教育でCLILの考え方を生かす指導の可能性について多角的な角度から考察をする。この研究は、児童英語教育に限らず、中学校、高等学校、大学での英語教育にも共通する

内容を多く含むものである。

1 | CLIL

1.1 CLIL とは

　CLIL は Content and Language Integrated Learning の頭文字
をとった用語であり、内容言語統合型学習と訳されている教授法
である。教科科目やテーマの内容（content）の学習と外国語
（language）の学習を統合（integrated）した教授法の総称であ
る。鈴木・白井（2021）は、CLIL は内容として外国語以外の教
科あるいは異文化理解、環境問題などのトピックと外国語および
母語を併せて教育する方法であると述べている。CLIL の目的は
母語以外に学習する目標言語の能力を上げることと、学習内容の
習得を達成することにある。また CLIL の目標として、変化する
世界で成功するために必要な認知力および社会的スキルと習慣を
身につけることもあげられている（Mehisto & Ting, 2017）。
CLIL は、言語学習と教科内容を統合させ、そこに思考活動と協
学、異文化理解を取り入れ、学習者の体験的学習の促進を目的の
1 つとした教授法である（山野，2013）。

　日本語教育を専門とする奥野他（2018）は、CLIL を「言語を
学ぶ」のではなく「言語で学ぶ」という姿勢を大切にした教授法
であるしている。そして CLIL は、豊かな内容を扱い、目標言語
に触れる機会を与えながら、協学を通して深い思考力を身につけ
る教授法であると述べている。英語教育の文脈で考えると、
CLIL は「英語を学ぶ」ことと「英語で学ぶ」ことを同様に大切
に考える教授法といえる。

1.2 CLIL の定義

　CLIL は多岐にわたる実践を包含する総称として使われること
が多く、CLIL と他の教授法を比較することは簡単ではなく
（Ruiz de Zarobe, 2016）、CLIL の定義の曖昧さについては多くの
指摘がある（湯川・バトラー，2021）。

　CLIL は性質上、様々な定義があり、その代表的なものは次の
とおりである。

・CLIL refers "to any dual-focussed educational context in
　which an additional language, thus not usually the first for-
　eign language of the learners involved, is used as a medium in
　the teaching and learning of non-language content". (Marsh,
　2002)

・CLIL is an umbrella term covering a dozen or more education-
　al approaches (eg, immersion, bilingual education, multilingual
　education, language showers and enriched language pro-
　grammes). (Mehisto, et al., 2008).

・CLIL is an approach to foreign language learning that requires
　the use of a second language to practice content. (Ruiz de Za-
　robe & Jiménez Catalán, 2009).

・CLIL is a dual-focused educational approach in which an addi-
　tional language is used for the learning and teaching of both
　content and language. (Coyle, et al., 2010)

・Content and language integrated learning (CLIL) refers to an
　educational approach in which a foreign language is used as
　the medium of instruction to teach content subjects for main-
　stream students. (Nikula, et al., 2013).

　CLIL を詳しく検討していくと、CLIL は多岐にわたる実践を

包含する総称として使われることが多く、その定義は曖昧である
ことがわかる。そのため CLIL と CLIL と類似した教授法を比較
することはそう簡単ではない（Ruiz de Zarobe, 2016）。

　CLIL と CLIL に類似した教授法に関して、研究者の中で類似
点を強調する立場と、相違点を強調する立場がある。Mehisto et
al.,（2008）は、先に示した定義にもあるとおり、CLIL を um-
brella term として様々な教授法を包む用語とした。Ruiz de Za-
robe（2008）、Cenoz（2014）は、プログラムが違っても、CLIL
と CLIL に類似した CBI（Content-based Instruction）は基本的
に同じであると述べている。一方 Lasagabaster & Sierra（2010）
は、CLIL と CBI には違いが多くあると指摘している[1)]。このよ
うに CLIL と他の類似した教授法の違いが曖昧な状態では CLIL
の教育効果を検証することは困難である（湯川・バトラー,
2021）。そこで以下、CLIL の背景と CLIL と類似した教授法であ
る CBI と EMI（English-Medium Instruction）との相違点と類
似点について、これまでの研究の蓄積、先行研究の分析を行うこ
とにする。

1.3 CLIL の背景と類似の教授法

　CLIL は、移民が多く、地域に多くの異なる言語を持つヨー
ロッパという背景で誕生したものである。CLIL は 1 人のヨー
ロッパ人が少なくとも 3 言語を使用できることを目指した複言語
主義を実現するための方法として推し進められた（湯川・バト
ラー, 2021）。CLIL はヨーロッパ人のためのバイリンガル教育
（または複数言語教育）の方法なのである（Coyle, et al., 2010）。

　CLIL と類似した教授法には CBI と EMI がある。CLIL と CBI
と EMI は、目的は同じではあるが、それぞれの教授法が生まれ

た背景は異なる。

1.3.1　CLIL と CBI

　CBI は内容重視教育としばしば訳され、言語以外の科目を学習
者が学んでいる第二言語を媒介として教える教育的アプローチで
ある（Lyster & Ballinger, 2011）。CBI は北米において、英語を
家庭で話さない移民の児童生徒を主に対象として、1960 年代か
ら提唱されてきた教授法である（湯川・バトラー，2021）。ESL
環境にいる児童生徒は、英語の習得はもとより、教科内容の習得
もおろそかにできない。英語が十分に習得できるまで、教科学習
を行わないわけにはいかない。このようなニーズに応えるべく、
英語の習得を目指しながら、同時に教科内容の習得を目指した、
特別な教授法の 1 つとして CBI は大きな役割を果たしてきた
（Brinton, et al., 1989）。

　CBI は北米をベースに発達してきた教授法であり、CLIL は
ヨーロッパの複言語主義を背景に提唱された教授法である。確か
に CLIL は、ESL 教育より EFL 教育を強く意識してはいるが、
双方共に言語と教科内容の両方の習得を同時に目指すという点で
は目的を同じくしており、CLIL と CBI には実質的な違いはほと
んどないといえる（半沢，2017; 湯川・バトラー，2021）。

1.3.2　CLIL と EMI

　EMI の特徴は教室使用言語にあり、主に英語を母語としない
学習者を対象に、英語を媒介にして教科内容の指導を行う方法
で、もともとイギリスの植民地での教育に導入された。近年で
は、英語の国際語としての普及に伴い、旧植民地に限らず広い地
域で主に大学を中心に急速に普及している（湯川・バトラー，
2021）。EMI を Hellekjaer（2010）は「言語の授業以外のコース

（例えば医学・物理・政治学）が英語で、英語が外国語である学生に教えられていること」と定義し、Dearden（2015）は「大多数の人が使用している言語が英語でない国や地域で、学術内容の教育に英語が使用されていること」と定義している[2]。

EMIにおける目標言語は当然英語に限定されるので、この点で定義上特に言語の指定をしていないCLILとは一線を画す。しかし、現状はCLILの多くは英語を目標言語にしており、両者の違いが明確でないケースが多い（湯川・バトラー，2021）。

1.3.3 CLIL、CBI、EMIの関係性

CLIL、CBI、EMIは生み出された社会的、言語的、教育的背景は大きく異なるために差異があるとする研究者はいる（Dalton-Puffer et al., 2014; Brown, & Bradford, 2017）。しかし、これらの用語には様々な解釈が存在し、差異を示すことが難しい場合も多い。半沢（2017）は、用語の使用については研究分野全体で混乱が起こっており、最終的な用語選択は研究者の好みにゆだねられていると述べている。CLIL、CBI、EMIといった用語の使用は、ある一定の教育的実践を明確に示しているとは言い切れないのが現状である。

CLIL、CBI、EMIは、それぞれ幾つかの解釈が可能である。そのため論文を読む際は、その論文で使用されている用語がどのような意味として使用されているかを理解しておく必要がある。同じ用語への異なる定義は、異なる用語が使われていても同じ実践を示している可能性もある。そのため1つの用語に縛られることなく、様々な用語で示されている実践に目を向ける必要があるといえる（半沢，2017）。

1.4 CLIL の特徴

　どのような教授法でも背景に理論的な根拠がある。CLIL では 2 つの理論がその構成に反映されている（鈴木・白井，2021）。1 つ目は Bloom et al., (1956) による Cognitive Approach（認知主義教授法）のフレームワークであり、CLIL の大きな柱の 1 つである Cognition を支えている。2 つ目は CLIL の Community/ Culture[3] の枠内での協働作業に見られる Vygotsky (1978) が提唱した Zone of Proximal Development（発達最近接領域）における scaffolding（足場かけ）[4] の概念である。CLIL が、多くの言語教授法と異なるのは、その特徴として「4C Framework」(Coyle, et al., 2010) をあげている点である。4 つの C とは、(1) Content（教科内容、教科横断型トピック）、(2) Communication（言語知識、言語技能）、(3) Cognition（認知力・思考力）、(4) Community/Culture（共同学習、異文化理解、国際理解）であり、CLIL はこれらの 4 つの C を統合して言語教育の質を上げることを目指す教授法である（Coyle, 2007; Coyle et al., 2010; 池田，2011; 笹島，2011）。

　Content に関して、最近では宣言的知識（declarative knowledge）と手続き的知識（procedural knowledge）に分ける考え方が一般的になってきた（池田，2017）。宣言的知識は教科書に記載されているような知識で、手続き的知識は児童生徒たちの実際の生活あるいは将来と結びつけて使えるようになるための知識である。CLIL の Content では、宣言的知識の習得にとどまらず、児童生徒の生活に結びつけて活用できるまでの知識を身につけさせることを目標にしている。

　Communication においては「3 つの言語」を使用することで言語活動が促進されると示唆されている（Coyle, 2007; Coyle et

al., 2010)。それは（1）Language of learning（学習の言語）、
（2）Language for learning（学習のための言語）、（3）Language
through learning（学習を通しての言語）である。Language of
learning はテーマやトピックを理解し産出するために必要な重要
語彙や表現、文法である。Language for learning は資料収集、
グループワークの仕方、質問や議論の仕方、発表の仕方、レポート
の書き方等に必要な言語スキルである。Language through learn-
ing は Language of learning と Language for learning を組み合
わせて内容を理解するために実際に使用し、より深い思考を促進
するための言語である。Communication に関して最近では、目標
言語と母語をうまく有機的に、機能的に扱っていく translanguag-
ing[5] の考え方を取り入れる研究が増えてきた（池田，2017）。

　Cognition とは、授業の課題の中で児童生徒が行う思考活動を
示す。学んだ内容を生かし、それらを既存の知識や学習スキルと
統合しながら、意味ある文脈の中で学習言語を使って考え発話
しようとする活動を示している（Coyle et al., 2010; 和泉，2011;
Mehisto et al., 2008; 山野，2013）。Cognition では Anderson &
Krathwohl（2001）によって修正された Bloom et al.（1956）の
思考の分類を活用し、大きく2つに分けた。1つは LOTS（Low-
er-order Thinking Skills、低次思考力）で、記憶、理解、応用な
どの思考を表し、もう1つは HOTS（Higher-order Thinking
Skills、高次思考力）で、分析、評価、創造などの思考を表してい
る（Coyle et al., 2010; 池田，2011; 山野，2013）。LOTS は正解
がある思考の仕方といえる。日本の教育は英語教育を含め、ほぼ
全てが LOTS である。最近のアメリカの 21st Century Skills や
OECD の Key Competencies の考え方をみれば明らかなとお
り、VUCA World といわれるこれからの時代を生き抜くために
は HOTS が大切になる。HOTS は深い思考力を駆使するもの

で、必ずしも正解があるわけではない。どの教科でも、これから
は HOTS を育成することが大切となり、CLIL でもこの点が重要
視されている（池田，2017）。

Culture/Community は、教室での協同の学びを中核として、
世界の文化や国際理解についても学びを広げることにより、様々
な文化や世界の生活などについても学び、他者を認め、さらには
自国の文化や言語の理解を深めることを目的としたものである
（Coyle et al., 2010; 池田，2011; Mehisto et al., 2008; 山野，2013）。

CLIL が目指すのは、語れる内容があり、論理性と柔軟性を兼
ね備えた思考力があり、それを効果的に伝える言語力があり、多
様な他者と課題を解決していく協働力のある地球市民の育成なの
である（奥野他，2018）。

1.5 CLIL のバリエーション

CLIL には、大きな括りとして目的の違いによるバリエーショ
ンがある（Bentley, 2010）が、和泉（2016; 2019）は目的の違い
以外に、頻度の違い、時間的比重の違い、使用言語の違いによる
バリエーションがあると述べている。

CLIL は授業目的に応じて Soft CLIL と Hard CLIL に分けるこ
とができる。外国語の学習自体が主となる場合は Soft CLIL とな
り、内容学習が主となる場合は Hard CLIL となる。

CLIL 授業の頻度の違いという面では Heavy CLIL と Light
CLIL に分けることができる。CLIL 授業を頻繁に行えば Heavy
CLIL となり、時々しか行わなければ Light CLIL となる。

時間的比重の違い、すなわち一回の授業でどれだけの時間を割
いて CLIL 的な要素を組み入れるかという分け方もできる。この
場合、部分的にだけ導入すれば Partial CLIL となり、全面的に

行えば Total CLIL となる。

　使用言語の違いによる分け方もできる。授業を日本語と英語の両方を交えて行えば Bilingual CLIL、英語だけで行えば Monolingual CLIL となる。

　学習は situated（Atkinson, 2011）、すなわち教育が行われる場に学習が生まれるのであり、状況に当てはめて行うことを心に留めておく必要がある（鈴木・白井, 2021）。

2 | CLIL と小学校英語教育

　小学校高学年を対象にした英語教育においては、児童の発達段階を考慮に入れる必要がある。Piaget（1959; 1972）の思考発達段階説（Piajet's theory of developmental stages of thinking）によれば、小学校5、6年生の児童の発達段階は、具体的操作期（stage of concrete operations）から形式的操作期（stage of formal operations）への移行期である。形式的操作期に入った児童は、形式的、抽象的操作が可能になり仮説演繹的思考ができるようになることから問題解決型や知的好奇心を刺激する内容の教材の導入も可能となってくる[6]（二五, 2014; 2021）。

　Briton et al.（1989）は学習者の発達段階に合わせた教科横断的な視点からの言語教育の重要性を指摘している。小学校段階での教科横断的カリキュラムについては、Widdowson（1978）が時間的な効率性と内容的なオーセンティックさの2つの点から、児童に外国語として英語を教える際には教科やトピックと結び付けて教える方法が効果的であるとした。また Brown & Brown（1996）は、社会科等の既習内容と関連づける必要性を指摘し、教科横断の内容を学ぶ際の手段として英語を使用すべきであると述べている。さらに Brewster & Ellis（2002）は、教科横断的指

48

導は学習内容への動機づけ、色・サイズ・形、時間などの概念の発達、コミュニケーションの方法、教材や指導の効率性、子どもの想像力・創造力のような思考の発達などの点で効用があるとしている。

　CLIL の視点を取り入れた小学校英語教育の実践には小坂（2005）、茂木（2013）、山野（2013）、二五（2013; 2021）、宇土（2018）、太田・長瀬（2018）、笹島・山野（2019）、などがある。

　本章では、CLIL の特徴について、その教育目標や性質を明らかにし、小学校英語教育で CLIL の考え方を生かした授業の可能性について考察をした。CLIL は多言語環境のヨーロッパを起源とする教授法で、単に言語学習と教科内容を統合させただけのものではない。その指導には、思考活動と協学、異文化理解が取り入れられている。ヨーロッパと日本では、言語環境をはじめ、異文化環境も大きく異なる。日本で CLIL が有効に機能するためには、日本の教育での文脈化は大きな課題である。

　日本の教育に適応した CLIL の実践の方向性が見えてきたとしても、さらなる研究が必要である。CLIL で学習した場合と、通常の英語の授業で学習した場合では、どのように児童の学習効果が異なるのか、英語力はどのように変化するのか、CLIL の授業を通して思考力・判断力・表現力が伸長するのか、主体性・多様性・協働性が身につくのか、またそれをどのように検証するのかについて、今後の研究の積み重ねが必要となる。

注）
1）Lasagabaster & Sierra（2010）は CBI と CLIL の違いを次のように指摘している。CBI は ESL 環境での学習であり、教員の母語が教室使用言語となり、早期に学習が開始され、言語習得目標は母語話者レベルである。一方 CLIL は EFL 環境での学習であり、教員は教室使用言語と教室外コミュニ

ティーの使用言語のバイリンガル話者であり、母語の読み書き能力をある程度習得してから学習が始まり、言語習得目標は実践に使用できるレベルである。

2) Hellekjaer（2010）や Dearden（2015）の定義は、広義の EMI の定義である。これに対して Unterberger & Wilhelmer（2011）は内容の学習・習得のみに焦点を当てた狭義の EMI の定義をしている。EMI における狭義の定義では、EMI は Immersion 教育とほぼ同じであるとみなすことができる（半沢，2017）。

3) 以前は Community といっていたが、今は Culture といわれることが多く、本稿では Community/Culture とした。

4) scaffolding は、学習者が独力では達成できない課題であっても、他者や補助教材の助けを借り、また協働で課題を達成することによって、いずれ自力でできるようになるための一時的な支援のことである（Wood et al., 1976）。自力でできるようになるためには、適切な scaffolding が効果的だとされている（奥野他，2018）。

5) translanguage は、code switching のように言語を交差して使用することを否定的にとらえることはしない。1990 年代にウェールズ語のバイリンガル授業の際に教育方法として使われたのが最初といわれており、場面や状況に応じて 2 つの言語を効果的に使用することを奨励している（笹島，2020）。

6) ただし、あくまで小学校の英語教育であるので、英語の難易度が高くなりすぎないように注意をする必要がある（Takano, et at., 2016）。

第5章

英語学習者の持つ学習不安

　日本の英語教育では、グローバル化の進展に伴い、単語や文法の知識習得といった知識偏重ではなく、実際に英語を使うという言語運用能力の育成が目標とされるようになった。このことからlearning by doing の視点に立ち、英語での「やり取り」（interaction）が大切であると認識されている。英語の授業では、訳読ではなく、教師と生徒のやり取り、生徒同士のやり取りがますます増えてくることになる。

　英語の授業がよりコミュニカティブな授業になることに伴い、学習者の不安が高まりやすい環境が増えてきたといえる（藤井, 2020）。MacIntyre and Gardner（1994: 284）は、言語不安とは「スピーキングやリスニング、学習場面での第二言語や外国語環境と特に結びついた緊張感や不安」と述べている。Shachter（2018）は、日本人英語学習者にとって、英語で話すというのは恐るべき行為でありうると述べている。多くの日本人英語学習者には、コミュニカティブな授業に自信を持って臨むことへの抵抗感がみられるからである。英語教育で「コミュニカティブな指導が導入されると、実践的な言語使用の場を作り出すというだけでなく、教室空間が主に他者との相互作用の中で学ぶ場へと変化する」（八島, 2003: 82）のである。そうした英語使用を活発に行うことが求められるような教室内では、学習者の不安を引き起こすことが考えられる。したがって、「英語学習者の不安傾向を明らかにすることは、教師にとって不安の影響やその対処法を考え

るうえで非常に重要な指針となりうる」(Fujii, 2018: 49) のである。

　本章では、学習者の第二言語習得を阻止してしまう要因としての不安についての先行研究を概観し、英語学習者の視点から第二言語不安の実態を明らかにする。さらに第二言語不安測定の尺度についても考察する。学習者の第二言語不安の要因がどこからきているかを明らかにすることにより、学習者の不安を低減するための教師のサポートの在り方も見えてくる。教師が、ポジティブな英語学習環境を整えることができれば、おのずと学習者の第二言語不安を取り除くことにつながるといえる。

1 ┃ 第二言語学習への不安

　第二言語学習では、学習者によって習得度の違いが見られるが、そこには情意要因が関わっている可能性が確認されている。情意要因には、第二言語習得を促進するものもあれば、逆に習得を阻止してしまうものもある (望月, 2008)。

　第二言語習得を促進する要因としては学習者の「動機づけ」があげられる。一方、第二言語習得を阻止してしまう要因としては第二言語学習に対する不安をあげることができる。Horwitz et al. (1986) は、この第二言語を学習する際に生じる不安のことを「外国語不安」(foreign language anxiety) とよんだ。MacIntyre & Gardner (1994) はこの不安を「言語不安」(language anxiety) とよんだ。外国語不安は第二言語または外国語の学習を扱っているが、言語不安は母語の学習を扱うことが多々あり紛らわしい。このことから元田 (2005) は、第一言語または外国語の学習に対する不安を「第二言語不安」とよび、「第二言語の学習や使用、習得に特定的に関わる不安や心配と、それによって引き

起こされる緊張や焦り」と定義した。この第二言語不安は、一般的に使われる不安とは異なる性質を有する。本稿では、第二言語または外国語の学習に対する不安には、元田（2005）の用語と定義を踏襲する。

1.1 不安について

Spielberger（1972: 482）は、不安を「自律神経の活性化によって起こる主観的緊張、不安、心配などの感情で特徴づけられる不愉快な情緒的状態や認知」と定義している。不安は困惑、フラストレーション、自信喪失、心配等の感情と関連する（Scovel, 1978）。また、不安は「特性不安」（trait anxiety）と「状態不安」（state anxiety）に分類される。特性不安は不安状態に陥る頻度など、性格としての不安を指し、状態不安はテストを受ける前など、一時的な緊張状態としての不安を指す（Spielberger, 1972）。しかし、特性不安と状態不安は第二言語学習に伴う不安とは区別されている（Horwitz et al. 1986）。

Bailey（1983）は競争心（competitiveness）と不安の関係を研究し、学習者が自分と他者を比較したり、理想の自己像（idealized self-image）と比較したりした場合、競争心は学習者が抱く不安と関連するとしている。ここでの競争心は、学習者が自分自身を他者や理想の自己像と比較した際に、比較対象より優れていたいと熱望することを指す。さらに Bailey（1983）は、学習者が比較対象に対して自分が劣っていると感じている場合に、不安が生じたり不安を悪化させたりするとしている。それは逆に、学習者が自分に能力があると感じた場合、学習者の不安は減少するわけである。すなわち、学習者が第二言語に対する自己の能力に対して自信があることが、学習者の第二言語に対する不安が低い

状態になると考えられる（飯村，2016）。

1.2 第二言語学習と不安

　第二言語不安は従来、第二言語習得の成否に影響を及ぼしうる要因として議論されてきた（Bailey, 1983; Cheng, Horwitz, Schallert, 1999; Clément et. Al., 1994; Ely, 1986; Gregersen & Horwitz, 2002; Krashen, 1982; MacIntyre & Gardner, 1991; 1994; Saito & Samimy, 1996; Samimy & Tabuse, 1992; Steinberg & Horwitz, 1986; Woodrow, 2006）。Horwitz et al.（1986: 128）は第二言語学習に対する不安を外国語不安（foreign language anxiety）とよび、"a distinct complex of self-perceptions, beliefs, feelings, and behaviors related to classroom language learning arising from the uniqueness of the language learning process"（言語学習過程の特異性から生じる教室での言語学習に関わる知見、信条、感情や行動の複合体である）と定義した。海野・邱（2020）は第二言語不安を第二言語学習者や使用、習得に特定的に関わる不安や心配と、それによって引き起こされる緊張や焦りと捉えている。

　MacIntyre and Gardner（1991）は、これまでの諸分野における不安に関する研究を、「特性不安」（trait anxiety）、「状態不安」（state anxiety）と「状況特殊不安」（situation-specific anxiety）の３つに分類した。特殊不安とは、いくつかの状況を通してみられる一般的な性格特性であり、状態不安とは、ある時点での情意状態であり、状況特殊不安とは、ある一定の決まった状況において繰り返し何度も起こる一貫性のる不安の状態である（北條，1992）。第二言語不安は教室での第二言語学習に反応して生起し、そしてその経験が長期間繰り返されることから、状況特定不安であるという捉え方が一般的である（物井・羽根井，2017）。

　これまでの第二言語学習の不安に関する多くの研究から、不安と第二言語習得は負の関係にあることが明らかになってきた（Al-rabai, 2014a; 2014b; Horwitz et al., 1986; Horwitz, 2017; Mac-Intyre & Garndner, 1991; MacIntyre, 1999; 2017; Na, 2007）。具体的には、学習者の感じている不安とテスト成績との間の負の検出や、学習者が失敗を犯しやすくなったり、自発的な発言を避けたりすることがあげられている（Horwitz et al., 1986; Aida, 1994）。この第二言語不安の持つ妨害的作用の存在から、第二言語学習における不安は軽減されるべきであると考えられている（元田, 2005）。

　MacIntyre（2017: 27）は、「多くの研究が示してきたのは、言語不安が言語パフォーマンスの低下を引き起こすということである」としており、Horwitz（2017: 40）も「学習へのモチベーションが足りないことを理由に学習者の不安を高めようとする教師がいるかもしれないが、本当に強い不安を感じている学習者にとってそれは倫理的な行為ではなく、逆効果である」と述べている。第二言語不安を取り除くことによって、学習者はより積極的に第二言語学習に取り組むことが可能になるといえる（藤井, 2020）。

　こうした第二言語不安の負の影響を考慮するうえで、学習者が授業中にどの程度不安を感じているのか、そして学習者が感じている不安をどのようにして取り除くかということを明らかにしようとしたのが Fujii（2015）による研究である。Fujii（2015）は、複数の先行研究の中での提案をもとに、不安解消ストラテジー尺度（Anxiety-reducing Strategy Scale, ARSS）を開発し、学習者の不安を解消するために有効なストラテジー項目を提示した。さらに、その追跡調査として Fujii（2017）では、これらの不安解消ストラテジーが効果的であることを実証した。

1.3 第二言語不安測定尺度

　第二言語不安を測定する尺度としては Foreign Language Classroom Anxiety Scale（FLCAS）[1] が代表的である。FLCAS は Horwitz et al.（1986）により作成され、(1) コミュニケーションによる不安（apprehension about communicating）、(2) 否定的な評価に対する不安（a fear of negative evaluation by others）、(3) テスト不安（test anxiety）の理論的概念より構成されている[2]。言語使用において、音声による言葉のやり取りは独特の不安を伴う。また、授業では必ず評価が付随するものであるが、否定的な評価を受けることに不安を感じる学習者は多い（物井・羽根井, 2017）。しかし、テスト不安については、第二言語不安とは異なる[3] と解釈されることが多い（MacIntyre & Gardner, 1989; 松宮, 2010）。

　FLCAS はアメリカでスペイン語を学ぶ大学生を対象に開発されたものである。FLCAS を基に近藤・楊（2003）は、英語を学ぶ日本人学生用の英語授業不安尺度として English Language Classroom Anxiety Scale（ELCAS）を開発した。ELCAS は、(1) 英語力に対する不安、(2) 他の学生からの評価に対する不安、(3) 発話活動に対する不安の3因子から構成されている。

1.4 児童の持つ第二言語不安

　学習者の年齢に着目すると、外国語学習の不安は、成人学習者に特徴的であるとされてきた（MacIntyre & Gardner, 1991）。これまでの先行研究では、大学生や高校生を対象に調査を行っているものが多く、その一方で、児童を含む低年齢の学習者の第二言語不安を取り扱った研究は少ない（松宮, 2005, 2010, 2012）。

この背景には、研究者の間で児童期は不安とのかかわりが少ない
もの[4]と捉えられてきたという経緯があると（松宮，2012）は指
摘している。

　小学生の第二言語不安を扱った数少ない研究として Chan and
Wu（2004）がある。この研究では英語を学習する台湾の小学5
年生 601 名を対象に FLCAS を使い第二言語不安に関する調査を
実施した。その結果、質問項目の回答平均値が大学生等を対象に
行われた他の研究と同じ程度であることが明らかになり、小学生
が、大学生と同等に第二言語不安を感じていることが分かった。

　松宮（2006）は、広島県内の公立小学校2校の3年生から6年
生までの 544 名の児童を調査対象とし、外国語（英語）活動にお
ける活動毎に第二言語不安を尋ねた。その際、参加者の不安と活
動の関係性を明確にするため、参加者の中から、低不安群と高不
安群を抽出し、(1) 活動単位（1人、グループ、クラス全体、1
対1のいずれか）、(2) 他者からの注目を浴びた状態か否か、(3)
能動的または受動的な活動か、という3つの分析観点から活動を
特徴づけた。これにより、教室内で提供される様々な活動のう
ち、どのような特徴をもつ活動が第二言語不安と結びつくのかが
明らかになった。調査の結果、高不安群の児童の多くが、人前で
1人で英語を話す活動に強い不安を示した。また、受動的な活動
は、低不安群の児童の好意度が低かった。能動的な活動について
は、応用のあるやりとりを含む活動については、高不安群の好意
度が低かった。最後に松宮（2006）では、学年の特徴についての
言及があり、6年生は「人前で1人で発表する」、「1対1で対話
する」活動を好まないことが確認された。加えて、他人の発音を
じっくり聞くだけ、単純練習を何度も繰り返すだけの活動のよう
な「受動的な活動を好まない」ことが明らかになった。

　松宮（2010）は、日本の公立小学校9校に通う5年生と6年生

の児童 1,497 名を対象に調査し、児童も第二言語学習に不安を感じることがあり、特に「人前で1人で話すこと」と「（答えがわからないときに）指名されること」に対して強い不安感を示す児童が多いことを明らかにした。また、小学校で初めて英語に触れる児童と学校外で既に英語を学んでいる児童が共存する学習状況が生じ、小学校で初めて英語に触れる児童が自信を失いやすく、不安や劣等感を感じやすいことを指摘している。また、5年生よりも6年生においてより不安を感じやすい傾向がみられることが確認された。

　本章では第二言語学習における学習者の不安に関する先行研究を概観した。多くの先行研究から、第二言語学習場面における不安のもたらす作用については、妨害的に作用してしまうということがわかった。しかし、Young（1992）は、ある程度の緊張感や注意が喚起される状態は学習にとって必要であると述べている。なんらかの緊張感や不安が先行して存在し、その不安が解消されたときに安堵感がもたらされることから、不安というネガティブの感情と安堵感といったポジティブな感情は接近するものであるという考えもある（門地・鈴木，2000）。第二言語不安を感じている学習者が必ずしも学習への興味や意欲を失っているというわけではない（松宮，2010）。今後は、第二言語不安の原因を即座に取り除くと考えるのではなく、第二言語不安の状況でいかに対処していくか、学習者の不安を安堵に変え、達成感へと導くためには教員はどのようにサポートをすればよいか考えることが重要といえる。

注)

1) FLCAS は 33 項目からなる 5 件法のスケールであり、各項目の回答を得点
化すると、合計点数が最低で 33 点、最高で 165 点となり、回答者のおおよ
その不安の程度を測ることができる。

2) Aida（1994）はアメリカの大学の初級日本語学習者の不安を測定し、因子
分析による FLCAS は、(1) 発話不安と否定的評価、(2) 落第の恐れ、(3)
日本語母語話者と話すことの快適さ、(4) 日本語クラスに対する否定的態
度、の 4 因子に分けている。この 4 因子のなかで、第二言語不安の大部分
を「発話不安と否定的評価」が占め、不安の高い学習者ほど期末の成績評
価が低いことが確認されている。

3) Ibusuki（2000）は FLCAS の追検討をし、テスト不安は第二言語不安の構
成要素ではないとした。

4) ステヴィック（1988）は語学学習において「子ども時代の特徴である開放
的で柔軟な状態に戻ること」が重要であると述べている。このことから児
童期にある学習者は第二言語学習を柔軟に受け入れられる状況にあるとと
らえられてきたことが理解できる。

第6章

英語授業改善研修プログラム

　学校教育の成果は、教員の資質能力に負うところが大きいことから教員研修の充実は重要である。教員の研修については法律によって定められている。2006年12月に改訂された教育基本法の第9条には「法律に定める学校の教員は、自己の崇高な使命を深く自覚し、絶えず研究と修養に励み、その職責の遂行に努めなければならない」とあり、「絶えず研究と修養」に励むよう努めなければならないと定められている。さらに教育公務員特例法第21条にも「教育公務員は、その職務を遂行するために、絶えず研究と修養に努めなければならない」と定められており、研修は教員の努力義務である。

　教育公務員特例法第21条2項及び第22条には、その任命権者が研修を計画し、教員に研修の機会を与えなければならない旨が述べられている。このことから、育成指標と研修計画は2018年3月までに47都道府県・20政令市教育委員会の全ての任命権者が策定を完了している（独立行政法人教職員支援機構, 2018b）。

　2016年12月の中央教育審議会「これからの学校教育を担う教員の資質能力の向上について（答申のポイント）」では、研修の主な課題として「教員の学ぶ意欲は高いが、多忙で時間確保が困難」、「自ら学び続けるモチベーションを維持できる環境整備が必要」、「アクティブ・ラーニング型研修への転換が必要」、「新任者研修・10年経験者研修の制度や運用の見直しが必要」があげられた。

教員研修における課題を改善し、チームとしての学校力の向上を図るためには、国、教育委員会、学校、大学等を含めた関係機関等が一体となって教員研修を支える仕組みを作り、教員のニーズに即した効果的な研修を展開する必要がある（独立行政法人教職員支援機構, 2018a）。これらの具現化として、教育委員会と大学等との協議・調整のための体制整備が進められている。

　神奈川県には、神奈川県立総合教育センターとは別に神奈川県立国際言語文化アカデミア（以降、アカデミア）[1] という県立の英語教員の研修事業を行う高等教育機関があり、県立総合教育センターや県市町村教育委員会と連携して英語教員研修の企画・運営を行ってきた。県立総合教育センターは法定研修を中心とした年次研修の充実に、アカデミアは英語の専門研修を中心とした研修の充実に力をそそいできた。

　アカデミアでは毎年 40 を超える英語教員研修講座を開講し、1 年間で約 1,600 名の小・中・高等学校の教員が研修を受講してきたが、その軸となる研修は、中核となる英語教員を対象とした英語教育アドヴァンスト研修（以降、アドヴァンスト研修）である。アドヴァンスト研修では、アカデミアの専任教員が中心となり、英語教員研修に関する先行研究及び神奈川県内高等学校英語教員への聞き取り調査に基づきカリキュラムを作成し、外部評価委員会の助言を得ながら研修内容の改善を行ってきた。本章では、神奈川県内各地域の高等学校で中核的役割を担う英語教員を育成することを目的として実施してきたアドヴァンスト研修について述べる。

1 ｜ 国際言語文化アカデミア

　アカデミアは 2011 年 1 月に設立され、同年 4 月に開所した英

語教員の研修事業を行う高等教育機関である。アカデミアは、その前身である神奈川県立外語短期大学で培った質の高い語学教育の伝統を受け継ぎ、同短期大学の教育資源を活用し、他の都道府県にはない神奈川県独自の組織として理論と実践を兼ね備えた英語専門研修を神奈川県下の小・中・高等学校の英語教員に提供することを使命として始まった。

アカデミアは、外部有識者から構成されるアカデミア機関評価委員会による 2014 年と 2017 年の 2 度の機関評価で大変良い評価を受けた（神奈川県立国際言語文化アカデミア機関評価委員会, 2018）。しかし 2021 年 3 月に、事業活動に係る経費等の組織運営上の課題からやむを得ず廃止されたが、10 年に渡り神奈川県内小・中・高等学校英語教員の英語教授力と英語運用能力の向上に大きく貢献した。

アカデミアでは、設立当初からアカデミアが実施する事業内容や実施方法等に関し、事業評価を実施するために外部評価委員会が設置された。2020 年 11 月 20 日に行われたアカデミアにおける最終の外部評価委員会において、委員長である筆者は委員の意見をまとめ、次のように総括した。「前年度に引き続き、研修全般において受講者の満足度が高く、教員自身の英語力の向上を通じて児童・生徒のコミュニケーション能力の向上や多文化理解の促進を図るという目的に向け、成果を十分に上げている。また、思考力・判断力・表現力の育成や、4 技能・5 領域（聞くこと、話すこと（プレゼンテーション、やり取り）、読むこと、書くこと）を育てる研修を充実させ、新学習指導要領に対応し、理論と実践の両輪に基づいて研修を実施しており評価する。アカデミアの良さは理論研究と実践研究の両方ができることであり、理論と実践を融合させた実践研究の成果をあげている」（神奈川県立国際言語文化アカデミア外部評価委員会, 2021）。アカデミアの英

語研修講座は大変充実したものであり、委員からは廃止を惜しむ意見が多く聞かれた。

　筆者は、全国各地で英語教員を対象とした研修会の講師を務める機会が頻繁にある。それぞれの県の教育センターにはとても優秀な指導主事がおり、充実した研修が企画・実施されていると感じる。研修を担当する指導主事の働きぶりにはいつも頭が下がる思いである。しかし、研修が単なる指導技術の伝達と習熟の場に終わっているのではないかと懸念することもある。アカデミアのように教育センターと連携し、教育センターとは違う視点から理論と実践を融合した英語教員研修に特化した内容で、大きな目標や教育哲学が明確にある研修を実施している高等教育機関がある都道府県は神奈川県だけであった[2]。財政上のやむを得ない事情があるにせよ、アカデミアの廃止は神奈川県の教育にとって大きな損失といえる。

1.1 英語教育アドヴァンスト研修とは

　アカデミアでは、「国際社会で活躍できる人材の育成」を使命の一つに掲げ、神奈川県教育委員会と連携して「外国語にかかる教員研修事業」を進めてきたが、その事業の柱として2011年度から県立高等学校における英語教育で中核的な役割を担う英語教員の人材育成を計画的に行うアドヴァンスト研修を実施してきた。

　アドヴァンスト研修の中核をなしているのが授業改善プロジェクトであり、授業改善に向けた課題の解決に取り組んできた。このプロジェクトでは、アカデミアの専任教員が集合研修や授業訪問などを通して英語教育に関する理論、実践の両面から受講教員への継続的な指導・助言を行い、それを基に教員自身が研修の主体となって積極的に授業改善に取り組んできた。

　筆者はアカデミアの外部評価委員会委員としてアカデミアの活動全般の指導・助言と評価をすると共に、「外国語にかかる教員研修事業」代表委員として、毎年アカデミアが実施する 40 以上の小・中・高等学校英語教員研修講座内容の事前指導、集合研修の授業視察、事後指導を実施し、その中でも特にアドヴァンスト研修に関しては報告書も含めた講座全体の指導・助言に力を入れてきた。以下、2011 年から 2021 年まで毎年 3 月に発行されてきた計 10 冊の『英語教育アドヴァンスト研修　授業改善プロジェクト報告書』および、アカデミアが毎年発行してきた学術誌『神奈川県立国際言語文化アカデミア紀要』に基づき、アドヴァンスト研修における授業改善プロジェクトについて述べる。

1.1.1 英語教育アドヴァンスト研修のねらい

　アドヴァンスト研修は、神奈川県で中核的役割を担う高等学校英語科の教員に専門性の高い研修の機会を提供することを目指し、神奈川県教育委員会との連携のもと、アカデミアで 2011 年度からスタートした。アドヴァンスト研修は、言語教育に関する理論と実践の両立を扱い、アクション・リサーチによる授業改善、英語教育理論及び英語によるコミュニケーション能力育成を統合させた内容からなる。研修を修了した教員は、所属校での校内研修の企画担当、県の指導主事、研修講師、研究プロジェクト委員等を務めている。

　アドヴァンスト研修は通年講座で、その構成は、集合研修 9 日（前期 2 日、夏季 4 日、後期 3 日）、勤務校での授業研究 1 日（前期・後期各半日、アカデミア専任教員の訪問）から成る合計 10 日間のプログラムである。研修内容は（a）異文化理解に関する内容を扱いながら教員自身の英語運用能力を高めることを目的とするコミュニケーションスキル（Communication Skills）モジュール、

（b）実際に活動を体験しながら理論を学ぶ英語科教授法（Teaching Expertise）に関するモジュール、（c）省察的実践力を高めることを目的としたリフレクティブ・ティーチング（Reflective Teaching）モジュールの3つである（江原・村越，2016）。

　受講教員は通常の勤務を行いながら学校現場でアクション・リサーチの手法を用いた授業改善を実施する。6月および11月の勤務校での授業研究では、アカデミア研修担当教員が受講教員全員の勤務校に赴き、授業参観および研究協議を通して個別のフィードバックを行う。授業の模様はDVDに収録し、おおむね1週間以内に受講者に配布される。最終日には英語による授業改善報告プレゼンテーション、年度末には「授業改善プロジェクト報告書」の提出が必須となっている（江原・村越，2016）。

　筆者は外部評価委員として毎年アドヴァンスト研修のアカデミア校舎での集合研修を視察し、受講教員から直接意見を聞く機会を設けているが、受講教員の意欲は高く、全員充実した気持ちで研修に積極的に加参している。2020年度までの10年間で計166名の「英語教育アドヴァンスト研修」を受講した英語教員が、高度な言語知識・技能およびそれらを基盤とした指導力を身につけ、仲間の教員との共同による英語教育推進に貢献すべく神奈川県内の各高等学校で活躍している[3]。

　アドヴァンスト研修の意義は、受講した教員個人の英語教員・省察的実践者としての力量を高めるだけでなく、各学校の英語科教員の協働を促進し、共通の目標に向かって目標・指導・評価の一体化を伴う教育実践を実現する人材の育成にある。

　以下は、2020年度（アカデミア主催としては最終となる第10回）のアドヴァンスト研修受講教員の研修の感想である。「自分の今やっていることに満足せず、学び続ける姿勢を持ち、変化をし続けることが大切だと改めて気づきました。」、「理論に基づい

た指導法を学ぶことで、授業の中で行う活動のすべてに裏付けができ、自信を持って授業に臨めるようになりました。また、生徒のニーズや学習を数値として把握することで、はっきりと目に見える形で生徒の成長を感じることができるようになりました。」、「アドヴァンスト研修や中核研修を受けた教員の使命は、その学びを広めていくことだと考えています。そういったミッションもこの研修で与えてくださり、今後の仕事のモチベーションにもつながりました。」、「正直、レベルの高い人たちの集まりで若干憂鬱でした。しかし、アクション・リサーチを通して、目標や授業が明確化する喜び、生徒の成長を"感じる"だけでなく、データで示せる嬉しさを感じた。」、「自分の授業づくりについて振り返り、進化させられたと思います。次年度この研修を受ける先生方も、生徒と課題や目標を共有しながら授業づくりや研究を頑張って欲しいです。」いかに充実した研修であったかは、これらの感想からもうかがい知ることができる。

1.2 アドヴァンスト研修の内容

　アドヴァンスト研修では、アクション・リサーチによる授業改善を柱にしている。アクション・リサーチは、教員が授業を進めながら、生徒や同僚の力も借りて自分の授業への省察とそれに基づく実践を繰り返すことによって、次第に授業を改善してゆく授業研究といえる（佐野，2000）。アクション・リサーチでは、学習者の能力の向上や授業の改善を目指して教員自身が授業における問題点をより細かく具体的に絞り込み、問題の一つひとつに対して入念に計画された戦略的行動（strategic action）を明確に設定することになっている（McMahon, 1999）。また客観的な最終結果だけでなく、授業改善のプロセスにおける学習者の質的向上

や教員の成長も重要視している（佐野，2010）。

　アクション・リサーチの定義もプロセスも様々であるが、代表的な手順は次のとおりである。(1) 問題の発見：直面している事態から扱う問題を発見する。(2) 事前調査：選んだ問題に関する実態を調査する。(3) リサーチ・クエスチョンの設定：調査結果から研究を方向づける。(4) 仮説の設定：方向性に沿って具体的な問題解決の対策を立てる。(5) 計画の実践：対策を実践し、経過を記録する。(6) 結果の検証：対策の効果を検証し、必要なら対策を変更する。(7) 報告：実践を振り返り、一応の結論を出して報告する（佐野，2005）。

　事前調査や結果の検証などで直接的な記録や客観的データを重んじる点においては一般的な実証研究（empirical research）と同様であるが、データ収集については「統制群（control group）」と「実験群（experimental group）」を設けない。アクション・リサーチは、授業の改善を目指して、教員が自分自身の授業のなかで授業を継続しながら行う授業研究であり、効果的であると考えた指導や活動を、ある学習者たちにはあえて実施しないということは倫理的に問題があるからである（村越・江原，2018）。そのため信頼性や妥当性に欠けるという批判にさらされることがあるが、教員自身と生徒がそれぞれの状況下で直面している問題を解決することを第一義としており、必ずしも理論の一般化を求めているわけではない（佐野，2000）。そもそも実践研究は教員個人の関心から出発し、教員個人に還元されるものである。研究をその分野全体のために一般化する学術研究とは異なる（服部，2021）。むしろその価値は、実践報告によって他の教員が共感し、同様の取組が広まり集積されることによって、その成果が共有できるものに発展することである（佐野，2005）。アクション・リサーチによる授業改善のプロセスを科学的経験知とし

て発信していくことは大いに意義があるといえる（村越・江原,
2018）。

1.2.1 授業改善プロジェクト

　英語教員研修では、教室でのよりよい授業実践と生徒の英語力
向上へと結びつかなければならない。しかし、教員たちは授業改
善の複雑さ、難しさは身をもって経験している。そこでアドヴァ
ンスト研修では、集合研修において多文化共生への意識、英語
力、英語教育に関する専門知識を高めながら、勤務校では継続的
に授業改善に取り組むことができるように授業改善プロジェクト
を取り入れている。

　授業改善プロジェクトは次のような手順で進められる[4]。

(1) 自分の授業スタイルの振り返り：

　　授業で行っている個々の活動の目的と効果、活動のつながり
　をあらためて考えることで、英語教師としての思いと実際の指
　導方法の整合性を確認する。これにより自分の授業を客観的に
　分析するということを体験する。

(2) 授業における課題の発見：

　　現在担当している科目の1つについて、どのような課題・問
　題があるか、教員の思いと授業の実情にどのような食い違いが
　あるかなどを思いつく限りあげる。

(3) 改善すべき課題の確定：

　　上であげた課題のうち、改善可能で優先順位の高いものを1
　つまたは2つ選ぶ。

(4) 生徒の現状把握：

　　確定した課題に関連する生徒の学習態度や英語力・技能など
　を、質的・数量的に調査する。（質的データの例：生徒の英語
　学習に関するコメント、教師による学習観察記録、数量的デー

タの例：標準テストの得点、推定語彙サイズ、発話語数）。

(5) 改善目標の設定：

　　授業改善の目的とゴールを、「リサーチ・クエスチョン」および「改善の目安（数値目標）」として明確に言語化する。

(6) 目標達成のための手だての決定：

　　目標を達成するために、授業でどのような指導を行うかを決める。その際、それぞれの指導事項や言語活動にどのような目的や効果があるのかを明らかにしておく。（例：プレ・リーディング活動を工夫すれば、興味や背景知識が活性化され、主体的に読解に取り組むようになるだろう。）

(7) 生徒の変化の検証と教員自身の振り返り：

　　原則的に事前の現状把握で用いたものと同じ手法で、生徒の変化・向上を検証し、改善目標が達成されたかどうかを調べる。また同時に、この一連の取組を通して「生徒の見方」、「授業のデザイン」、「教材の扱い方」などについて、教員自身がどのように変化したかを省察する。

(8) 報告：

　　同様の課題を抱える教員仲間との情報交換、勤務校や地区での情報提供に役立てるためにレポートを作成する。ここで再度、今回の授業改善の内容・手法を振り返るとともに、今後の課題について考察する。

　こうした過程を通しアドヴァンスト研修に参加した教員は、自らの実践を振り返り、課題を研修仲間と共有したり、アカデミアの研修担当教員と協議を続けたりしながら授業改善プロジェクトに取り組む。中堅教員として各学校で責任ある立場にありながら、アドヴァンスト研修に参加することには多くの努力を必要とするが、苦楽を共にしながら研修参加教員同士が励まし合うことで、1年を通して次第に打ち解け合い、互いに切磋琢磨する環境

を作り上げていく（村越・江原，2018）。

1.2.2 授業改善プロジェクト報告書

　アカデミアの専任教員の丁寧な指導の下、アドヴァンスト研修受講教員はポートフォリオを段階的に作成し、その内容が最終的なアドヴァンスト研修の授業改善プロジェクトの報告書につながっている。研修期間中、アカデミアの研修担当教員は、研修受講教員と e-mail による個別メンタリングやコンサルテーション、オープン・リソースの e-learning プラットフォームである Moodle を活用した教材の共有や復習テスト等を通し、協働の機会を常に設ける（村越・江原，2018）。この作業には膨大な労力を要し、外部評価委員である筆者は、アカデミアの研修担当教員の受講教員に対する献身的な指導に深く敬意を表している。

　授業改善プロジェクト報告書には3つの目的がある。第1に、研修参加教員が自らの授業改善の軌跡を記述し、お互いの情報を共有することで今後の授業改善のための共同体づくりに役立てること。第2に、報告書の内容を他の英語科教員と共有することで、授業改善に関するアイディア創出に資すること。第3に、高等学校英語教育の課題やそれに対する現場の取組状況を公表することで、英語教育や教員教育にかかわる研究者の今後の研究に資することである。

　授業改善プロジェクト報告書の編集方針は次の5つである。

(1) 授業に参加している生徒の個性や尊厳を尊重し、生徒は皆それぞれの可能性を持っているとの認識に立つ。

(2) 学校や生徒の状況について、読者に参考となる情報を個人情報の保護に留意して記述する。

(3) 実践報告については、理想論にとらわれず、現状認識に根ざした課題解決の軌跡を記述する。

(4) 授業改善のプロセスやストーリーが読者にわかるように記述する。

(5) データ処理や分析については、統計処理を含め言語教育研究で用いられる手法を積極的に取り入れ、授業改善の手だての効果を記述する。

『英語教育アドヴァンスト研修　授業改善プロジェクト報告書』は、全てアカデミアのホームページからダウンロードすることができる。筆者は外部評価委員として、毎年この報告書に目を通していたが、報告書がとても充実しており、学ぶことが多い内容であることから、読むのが楽しみであった。

1.3 研修内容の授業への転移・波及

　アカデミアのような教員研修を実施する機関にとって、研修内容が受講した教員の学校での実際の授業改善に結びついていることを検証することは重要である。江原・村越（2016）はアドヴァンスト研修の内容が、受講教員の授実業践にどう波及したかについて、次の研究設問を設け調査をした。それらは、「(1. a) 研修の結果、受講教員は自分自身の英語能力・知識の向上を実感するようになったか」、「(1. b) 研修の結果、受講教員はコミュニカティブな授業の実践をより心がけるようになったか」、「(1. c) 研修の結果、受講教員は生徒の英語能力・学習態度の向上を実感するようになったか」、「(2) 研修の結果、受講教員は生徒中心の活動を重視した実践を行うようになったか」、「(3) 研修内容のどのような側面が教室への実践に影響を及ぼしたか、またそれはなぜか」。

　研究設問（1）a−cは、研修の結果を受講教員がどうとらえているかを探ったものである。受講教員の英語技能の向上、コミュ

ニカティブな授業実践への取組、生徒の英語技能の伸び、の3つ
の側面に関する受講教員の意識に一貫性のある向上傾向が見いだ
された。すなわち、受講教員は自分自身のスピーキング、ライ
ティング能力の向上を実感すると同時に、授業実践においても、
「オーラル・イントロダクション」、「スピーキング活動」、「ライ
ティング活動」、「生徒教員／と生徒同士の英語でのやりとり」な
どの点での授業改善傾向を自覚し、同時に生徒のスピーキング能
力、ライティング能力の伸びも実感していた。これは、教員の英
語運用能力、教員の授業力、生徒の英語運用能力が直線的ではな
いにしても関連していることを示していると考えられる。しかし
発表技能に関する授業活動については状況は改善したものの、い
まだ取組は十分ではなく教員のスピーキング能力向上の実感が、
必ずしも「英語による授業」の積極的な実践へつながらない状況
も明らかになった。また、授業実践上の課題として、「リスニン
グ」活動の取組が不十分であることや、ペアワークについては機
械的な練習が多く、コミュニカティブな授業の重点である「意味
のあるやりとり」、「information gap のあるやりとり」といった
要素が欠如していることも示唆された。研修内容の転移という観
点で言えば、Perkins and Salomon（1988）の主張する「低次の
転移（low road transfer）」を示すデータは得られたものの、根
本原則にのっとって創造的に学んだ知識・技能を活用する「高次
の転移（high road transfer）」を示すデータは欠如していたとい
える（江原・村越，2016）。
　研究設問（2）は、受講教員が生徒中心の授業実践へと活動内
容を変えたか否かについて探ったものである。その結果、研修の
後期では、生徒中心の活動への時間配分が研修前期に比べ有意に
向上し、活動内容の変化という点で研修の効果があったと判断す
ることができた。これは研修を通し、スキルとしての英語を身に

つけるとはどういうことかについて、体験的に学んだことによる
受講教員の認知的変化と、共同学習の具体的手法が研修で扱わ
れ、教室での実践への転移を容易にする要素が研修のなかに含ま
れていたことが要因としてあげられる（江原・村越，2016）。

　研究設問 3 は、研修内容の波及効果の傾向とその要因は何かを
探索的に探ったものである。その結果、個別の授業活動の選択と
いう点では、研修後期には、研修で扱った「オーラル・イントロ
ダクション」、「スピーキング活動」、「ライティング活動」が授業
活動実践へと転移したことを示唆するデータが得られた。これ
は、研修において具体的な手法が例示され、受講教員自身がその
活動を生徒役となって体験することにより、発信型の英語学習の
意義や楽しさについて実感したことが要因として考えられる。研
修と授業実践とをつなぐ受講教員の認知的プロセスを探るために
分析した研修直後の振り返りアンケートの自由記述からは、受講
教員が研修内容について強い印象を持った要素について 4 つの
テーマが浮かび上がった。それらは「具体的指導方法」、「演習・
トレーニング」、「キャッチ・フレーズ」、「研究方法」である。そ
れぞれのテーマは、受講教員の認知面、技能面、情意面、さらに
メタ認知面に働きかけるものと考えられ、これらが相互に影響し
ながら研修内容の転移を促進する可能性があると推察することが
できる（江原・村越，2016）。

　江原・村越（2016）は、現職英語教員研修の内容が、教員の意
識、実践にどう波及したか、またその要因は何かについて、複数
のデータの複眼的分析を通して探り、研修が受講教員と生徒を変
える大きな可能性を持っていることを明らかにした。研修担当教
員と受講教員の協働の成果として、研修の波及効果についての、
より精緻な因果関係モデルを構築することができれば、研修効果
もさらに向上するといえる。

1.4 学校全体の授業改善への波及

　研修を受講した教員が研修で学んだ内容を自らの教室で実践し、その成果をあげることは大切である。しかし教員研修は、教員個人の実践の質的向上に加え、学校全体の授業改善に結びついていかなくてはならない。

　江原・村越（2017）は、アドヴァンスト研修の修了教員に対して、質問紙調査と聞き取り調査を実施し、「研修修了教員は研修成果の普及に関し効果的な取組をしたか」および「研修修了教員の勤務校で英語科全体として到達目標に基づいた授業実践がどの程度行われているか」の2点について調べた。調査対象は、2011年度から2015年度にアドヴァンスト研修を受講した97名のうち、73.2％にあたる71名である。

　勤務校の英語科教員全員（および管理職）による校内研修会で研修報告を行ったという修了者は12.6％にとどまった。そのうち、あわせて研究論文も配布したのは5.6％であった。一番多かったのは、全員ではなく一部の同僚に報告あるいは論文配布をしたというケース（46.5％）で、次いで全員に論文配布をしたが話はしていない（38.0％）であった。一方、何もしなかったアドヴァンスト研修修了教員が2人いることもわかった（江原・村越,2017）。

　江原・村越（2017）は、量的・質的データ分析の結果、アドヴァンスト研修で修了教員自身が得た知見や指導技術は、それぞれの学校全体に未だ十分効果的に波及しているとはいいがたいと結論付けた。アドヴァンスト研修の修了教員が研修成果を伝えるための手段が効果的なものでないという方法論的課題もあるが、共通の到達目標に準拠した授業が実践されているとはいえないため、その効果や進捗状況を確認し、改善を図るための建設的な校

内研修を行うことに対する機運も高まりにくいという教育内容の質的保証・向上に関わる課題もある。研修修了教員自身も、英語科全体として到達目標が十分に共有されていないことで、共通の指導や評価方法が定まりきれていないということを感じている。また、若手教員とベテラン教員ともに、指導法に関する知識・スキルがまだ十分に備わっていないことを個人的な課題としてあげており、若手教員については、自分自身の英語力不足も感じている。長年の経験のなかで大学受験指導に当たってきたベテラン教員が、近年のコミュニケーション重視の英語教育と入試対策的授業の間で揺れている様子もうかがえた。学校全体と個人の区別、経験年数の違いにかかわらず共通の課題としてあがっていたのは、よりよい授業を行うための時間確保の難しさである。学校組織における校務分掌の仕事、日常的な生徒指導や部活動指導などの多忙な業務は、第一の職務であるべき教科指導のための時間を圧迫し続けている。このような状況だからこそ、しっかりと目標を共有し、一致した指導・評価を合理的に行うことが必要になる（江原・村越，2017）。

　2021年度から、アドヴァンスト研修は県立総合教育センターに引き継がれており、今後は県立総合教育センターにおいて、ポスト・アドヴァンスト研修の枠組み作りも含めたアドヴァンスト研修を支援する体制を考えていく必要がある。

　本章では、アカデミアの英語教員研修講座の中で軸となるアドヴァンスト研修について述べた。アドヴァンスト研修は、現場の英語教育課題を解決するために、言語教育に関する理論と実践の両方を扱い、将来のリーダーとなる中核教員育成を目指して実施してきた。校長及び県教育委員会から推薦を受けた高等学校英語教員である受講教員は、通常の学校業務に携わりながら年間9日の

集合研修、年間2回（半日×2）の学校での研究授業、年間を通じたアクション・リサーチから構成されるプログラムに参加した。

　アドヴァンスト研修は、アクション・リサーチによる授業改善、英語教育理論及び英語によるコミュニケーション能力育成を統合させた内容からなり、神奈川県における中核英語教員の育成に寄与した。高等学校現場での教員経験のあるアカデミアの専任日本人教員と日本の英語教育に精通した英語母語話者専任教員が講座を担当することにより、従来の日本の英語教育・現職教員研修を多角的視点で見直し、外部評価委員からの助言も聞きながら、各年度の反省を踏まえ常に研修内容を更新してきた。その結果、アドヴァンスト研修修了教員は、所属校での校内研修の企画担当、県の研修講師、県の研究プロジェクト委員等を務めるなど、神奈川県の英語教育に大いに貢献している。また、受講教員に対する研修前後の意識調査、研修前半と後半に実施する授業観察、研修受講後に提出される授業改善報告書の各種データ（報告書、授業観察記録、アンケート）の分析を通し、研修の効果測定と英語教育に資する知見の集積を行い、データに基づく講座の評価と、アカデミアが実施する英語教員研修全般の改善に役立ててきた。

　アドヴァンスト研修の意義は、受講教員個人の英語教員・省察的実践者としての力量を高めるだけでなく、各学校の英語科教員の協働を促進し、共通の目標に向かって目標・指導・評価の一体化を伴う教育実践を実現する人材の育成にあるが、大きな成果をあげることができた。

　今後、県立総合教育センターにおいても、アカデミアが目指したアドヴァンスト研修の方向性で取組を進め、アカデミアでの実践が生きていくことを望む。また、英語研修について、県立総合教育センターにおける他の教科研修と一緒になり英語研修がその中に埋没することがなく、さらには、必要な英語研修を担当する

人材の確保や後進の育成を図っていくことを期待する。

＊本稿の執筆にあたり、詳細な資料をご提供いただいたアカデミアの故三國隆志所長（元神奈川県立外語短期大学学長）、芝山智副所長、広瀬直紀課長、江原美明教授、村越亮治講師、ピーター・パリセ講師、グエン・トーア助教、高取純子併任講師に感謝したい。特に江原教授（テンプル大学・教育学博士）には、外部評価委員である筆者の英語教育学の本質を捉えた英語教員研修に対する考え方に全面的に賛同いただき、英語教員研修の内容に関するかなり無理な要求にも協力をいただき、深く感謝申し上げる。江原教授との授業視察後や外部評価委員会後に行われたクリティカルでクリエイティブな意見交換をとおして、時には外部評価委員という立場を離れ、一人の研究者として筆者自身は多くを学ぶことができた。江原博士には、同じ英語教育学者として、いくら感謝してもしきれない気持ちである。はじめは、教員研修の講師を頻繁に務めさせていただいていた神奈川県の教育に微力ながら、少しでも貢献できればという軽い思いからお引き受けした外部評価委員であったが、江原教授や村越講師をはじめ、アカデミアの教職員の教員研修にそそぐ情熱に影響され、筆者自身も少しでも良い教員研修講座をアカデミアで開講してほしいという強い気持ちになり、一生懸命に仕事をさせていただいた。このような貴重な機会を与えてくれたアカデミアには深く感謝している。また2021年3月には外部評価委員会委員及び委員長としての仕事に対する感謝状を、アカデミアを所管する神奈川県国際文化観光局長からいただき、恐縮している。

注)
1) アカデミアでは「外国語にかかる教員研修事業」の他に「異文化理解支援
事業」と「外国籍県民等支援事業」を行っているが、本稿においては「外
国語にかかる教員研修事業」のみを扱う。
2) アカデミア機関評価委員会も報告書で次のように述べている。「アカデミア
は総合教育センターとの役割分担の下に、英語学、応用言語学等に基づく
より専門的な研修を行っているが、両者がそれぞれの特色を生かし、連携
して進めている英語教育改革への取組みは文部科学省等から高い評価を得
ており、研修の内容においても批判的思考力を育成する教員の養成という
観点を導入するなど、神奈川県独特の外国語教員研修機関として、着実に
成果を上げている」(神奈川県立国際言語文化アカデミア機関評価委員会.
2018)。
3) アカデミアにおけるアドヴァンスト研修は、2021年3月のアカデミアの廃
止に伴い、2020年度が最終年度となった。2021年4月からは神奈川県立総
合教育センターにおいて、アドヴァンスト研修のコンセプトを受け継いだ
新たな研修が始まっている。
4) この授業改善の流れは、高等学校の「英語」に限らず、小学校の「教科と
しての英語」と「外国語(英語)活動」、中学校の「英語」における授業改
善にも応用できる。

第7章

英語スピーキング力の育成

　今日の教育現場では Zoom 等を用いたオンラインによる学習形態が日常的に実施されるようになった。オンラインによる対話の研究は、Long（1996）によって提唱された相互作用仮説を理論的支柱としている。これは Krashen（1985）が述べているように、対話によって理解可能なインプットが言語習得を促進し、Swain（1995）の示した、対話によって必然的に与えられるアウトプットの機会を理解可能なアウトプットにしようとする努力が言語能力を発達させているといえるからである。そして、お互いの意思を伝え合うための明確化要求や、理解度確認といった意味交渉の結果、第二言語習得が促進されるというものである。

　Klapper（1991）は対話について、英語を話す前に準備の時間があると、学習者は暗記に頼ってしまうため、準備の時間を奪い、暗記させないことで、会話が意味重視になるとしている。Swain（1995）は目標言語で言いたいことが言えないことに気づくことで、学習者は関連するインプットに注意を向けて、新しい言語知識を獲得しようとすると述べている。

　新学習指導要領では、外国語における「話すこと」の領域に「やり取り」を新たに追記し、即興で情報を交換することを重要な条件とした。現実世界のコミュニケーションの場面では、あらかじめ話す内容を準備して相手と会話するのではなく、その場で双方向でのコミュニケーションの機会がほとんどである。小林（2019）は、現実世界の課題と生徒の実生活をベースに、実際のコミュニ

ケーションで使用する可能性が高い言語活動の場面設定の必要性や、英語でやり取りをする際に、伝えたい内容を考え、その場において必要だと判断した表現を活用するといった意味重視のタスクの重要性を述べている。しかしながら、中学校教師を対象としたアンケート調査の結果によると、即興的スピーキング力の養成は不十分であることが報告されている（小林, 2020a）。

本章では、外国語学習におけるスピーキング不安軽減の解決策としてのオンラインによる少人数指導について検討し、そして第二言語スピーキングモデルの考察、さらには大妻女子大学英語教育研究所で 2021 年度から実施している Zoom を使った少人数での論理的に話す力を育成するためのオンライン・アカデミック英語講座の実践報告をする。

1 外国語学習における不安

文部科学省（2016）は、発信能力を強化する言語活動を充実することを求めている。2017 年 7 月告示、2021 年 4 月に全面実施された中学校学習指導要領（文部科学省, 2018）や、2018 年 7 月告示、2022 年 4 月に全面実施された高等学校学習指導要領（文部科学省, 2019）では、「話すこと」が「発表」と「やり取り」[1] の二つに分けられ、即興的なスピーキングに関する指導項目も明記された。ところが、中学や高校のスピーキング活動では、教員が会話文を統制し、練習の後に会話活動を行うことが多く（茅野・峯島, 2016）、英語の学習場面では即興で話す機会が十分提供されているとはいえない。その理由としては英語で話すことに対する不安[2] が関係している（小林, 2021）。多くの英語教員は、学習者の英語による発話機会を増やしたいと考えてはいるものの、学習者の不安や動機づけに与える影響を心配し、スピーキング活動

を実践することが難しいと考えている傾向がある（Kawashima, 2019）。

ベネッセ教育総合研究所（2015）の実施した全国調査では、高校の指導方法や活動内容は、中学校と同様に「音読、発音練習、文法の説明」が多く、「即興で自分のことや気持ちや考えを英語で話す」活動の実施率は低かった。さらに安達・牧野（2015）の調査では、学習者は話すことに興味を持ち、英語を使う機会の必要性を強く感じているが、実際に英語を使って相手に自分の言いたいことが伝わったという成功体験は少なく、多くの生徒は即興で話すことに不安を持っていると報告されている。

外国語学習における不安は「話者が最も自由に操れる言語でないことば、多くの場合習得の途上にあることばを使う時に感じたり学習する時に経験する不安」（八島，2004: 31）である。学習不安といった情意要因は個人要因の一つと考えられ、それは言語習得に大きな影響があるとされている（Ellis, 1994）。外国語学習において不安と外国語習得は負の関係にあることが指摘されている（Horwitz et al., 1986; MacIntyre & Garndner, 1991; MacIntyre, 1999）。末永（1987）は、人が見ている時など、他者に注目されている状態で複雑な課題に取り組むと成績が下がると報告しており、一般的にスピーキングテストと不安感に負の相関があるとされている（Young, 1986）。

外国語学習における話すことに対する不安は、「コミュニケーション不安」、「自尊心」、「社会的不安」のような複雑な心理的構成要因から成り立っている（Young, 1990）。Horwitz et al., (1986）は、リスニングとスピーキングが外国語学習者の不安の大部分を占めており、特に自由会話において不安感が増大すること、不安な状況では能力を発揮しにくいこと等を指摘している。北条（1996）は、学習者が突然英語で発言するように指名される

時に不安を強く感じると報告している。Ay（2010）は初級学習者にとって特にスピーキングに対する不安が顕著であり、準備なしで話す時に不安が増加すると指摘している。

スピーキングは英語学習のうち最も不安を引き起こすといわれ、特に自由会話において不安感が増大するという報告は多い。(Horwitz et al. 1986; Yashima et al., 2009)。スピーキングの練習機会が不足すると、自信喪失や不安感につながるといわれており（Thornbury, 2005）、これは適度なリスクを伴う活動に参加させたり、あいまいさに耐えさせたりすることで、不安を緩和できるとされている（Oxford, 1999）。そこで、即興でやり取りを始めるには、まず個人が目立たないように少人数で慣れさせ、成功体験を積むことが重要である（小林, 2020b）。

2 少人数による英語教育

文部科学省（2013）の「これからの大学教育等の在り方について」の提言では、「少人数での英語指導体制の整備」をすることで英語に触れる機会の充実が検討されている。しかし、ひとクラスあたりの生徒の数が比較的大きく、日本のような EFL（English as a Foreign Language）環境において、英語で個別にコミュニケーションを行うことは容易ではない。そのような状況でもより多くの機会を設ける手段として、ICT（Information and Communication Technology）機器やネットワークの持つ可能性が期待できる（小林, 2020b）。

COVID-19 の感染拡大防止のため、教育現場では Zoom 等を用いたオンラインによる学習形態が急速に普及した。学校の対面による英語の授業では、教員と学習者とが1対1で英語を使って「やり取り」する機会は極めて少ないが、オンラインを活用すれば

容易に教員と英語で話す機会が作れ、目的・場面・状況を意識した会話が可能となる。飯野他（2020）は、オンライン対話を取り入れた発信型の指導が英語スピーキング力向上に結びついたとし、計量的言語分析では、流暢さと複雑さにおいて顕著な伸びが認められたと報告している。グループでのオンライン学習の研究では、スピーキング技能向上と不安軽減に効果的であることを示唆している研究（遠山他，2017）や、ペアでのビデオ通話の 1 回の経験で話す意欲を向上させた実践例（Konishi, 2017）などがある。

　オンラインによる少人数の授業では、やり取りの回数の増加に伴ってインプットとアウトプットの言語使用の機会が増える。この形式の授業で、やり取りや即興性を意識した言語活動不足や、クラスサイズの問題への解決策を投じることができる可能性がある。さらに、英語でのコミュニケーションを繰り返し、成功体験を積み重ねることで、即興で話すことに対する不安を軽減できる（小林，2020b）。

　辻野（2009）は、受講者が増えるにつれ受講者ごとの対応が困難になり、授業内容の柔軟性が失われる傾向にあることを指摘している。教員 1 人に対する受講者数が少なければ少ないほど各学生に対して柔軟な対応ができる（遠山他，2017）。村上他（2016）は、学習者中心の教授法を基盤とした英語授業は、コミュニケーション能力・発表能力・授業態度の向上に寄与する効果があり、この教授法を実現し、より高い効果を得る為には少人数制が鍵となると述べている。一人の指導者が担当する学習者が少ないほど、個々の課題遂行状況を確認し、より有益なフィードバックを与え、目標到達度を確認することが容易になり、その頻度も高くなる。英語教育において学習者中心の教授法を実施する上でも、少人数制は欠かせない条件である（遠山他，2017）。

3 | スピーキングモデル

3.1 スピーキングの特性

　スピーキングは、話し相手が何を言うかを正確に予測できない状態で、相手の発話に適切な時間的タイミングで反応し、会話を成立させていく作業である（Bygate, 2001）。また、話し手と聞き手のみが理解できる表現も多く使用される。このように、スピーキングの活動は、リスニング、リーディング、ライティングとは異なり、一人の個人内で完結するのとは異なった性質を備えている（金子, 2004）。スピーキングはライティングと比較すると、(1) あいまいさ、(2) 流暢さの欠如、(3) 比較的単調な音調型と文型、(4) 種々のつなぎことばの使用、(5) あいづち語の使用、といった特徴がある（門田, 2002; 泉・門田, 2016）。

3.2 スピーキングのメカニズム

　Levelt（1989）は、人間がどのような認知プロセスを経て言語を産出しているかについてスピーチ・プロダクション・モデルを発表した。このモデルは、第二言語習得におけるアウトプットとしてのスピーキング力をどのように育成すべきかについて考えるにあたっての理論的基盤になると考えられる（櫻井, 2018）。

　Levelt（1989）は、発話に至るまでのプロセスを次のように示した。まず「概念化装置」（conceptualizer）で、発話内容が生成される。その後、「形式化装置」（formulator）で、文法コード化（grammatical encoding）および音韻コード化（phonological encoding）の操作が施され、発話内容が言語化される。文法コード化の段階では、メンタル・レキシコン内のレマ（lemma）

に保存されている統語情報が活性化され、文法構造が形成される。また、音韻コード化の段階では、メンタルレキシコン内のレキシーム（lexeme）に保存されている音韻情報が引き出され、リズム・イントネーションなどのプロソディが形成される。そして、「調音化装置」（articulator）で音声となり発話される。このプロセスが自動化されることによって、その言語の流暢な話し手となるのであるが、第二言語習得においては、その自動化を困難にする要因が存在すると考えられる（櫻井, 2018）。日本人英語学習者の場合、統語処理段階でワーキングメモリに負荷がかかり、この統語処理の非自動性が英語の流暢性を獲得する上での大きな障壁となっていることが文処理研究から指摘されている（Nakanishi & Yokokawa, 2011）。文産出においても、いかに統語処理をワーキングメモリ資源をあまり用いず、効率よく行うことが出来るかどうかが成否の鍵を握ると考えられる（中西, 2013）。

4 ┃ オンライン・アカデミック英語講座

　大妻女子大学英語教育研究所では、英語スピーキングの不安要因を軽減し、少人数による英語スピーキング教育を実践するため、2021 年度からオンラインによるアカデミック英語スピーキング講座を開講した。この講座の実施要領では次のように説明し、募集を行った。受講料は無料で、募集定員は先着申し込み順で 5 名である。「大妻女子大学英語教育研究所では、アカデミック英語スピーキング力育成集中講座をオンラインで開講します。この講座では、集中的な指導を通して、論理的に英語を話す力を養います。担当講師は、日米両国で教育を受け、米国の大学・大学院での言語学、応用言語学、英語教育学の教授経験のある本研

究所所長・教授の服部孝彦博士です。本学の学部生及び大学院生で、英語での高度な表現力を身につけたいと考えている学生、英語圏への留学を希望する学生、IELTS や TOEFL iBT® 等の英語検定試験で高得点を獲得したい学生はぜひ受講してください。」

4.1 アカデミック・スピーキングの定義

Jordan（1997）は、アカデミック・スピーキングを大学等での学習が中心の概念であるとしている。また、Using English for Academic Purpose For Students in Higher Education（2019）は、アカデミック・スピーキングとは、日常生活のスピーキングとは異なり、明白なものであり構造的であると述べている。アカデミック・スピーキングの使用場面に関して De Chazal（2014）は、講義、プレゼンテーション、ゼミ、チューターとの面談、指導教員との面談、グループプロジェクト、議論の中での他の学生たちとのやり取りをあげている。このようにアカデミック・スピーキングは、高等教育機関などでの学習時の論理的なスピーキングのことを指すといえる（横山　2019）。

4.2 講座の内容

ボイクマン（2013）は山本（2004）や門倉（2006）の考え方を踏まえ、アカデミック・スピーキングは論理的思考力とコミュニケーション力の2種類に分類することができると述べている。このアカデミック・スピーキング講座では、アカデミック・スピーキングという視点に立ち、コミュニケーション能力の構成要素の中でもディスコース能力の育成を中心に行った。

アカデミック・スピーキングの力を測定する国際的に認められ

ているハイ・ステークスな試験には IELTS と TOEFL iBT® が
ある。アカデミック・スピーキング講座では、TOEFL iBT® の
Speaking Section の中で、複合した技能ではなく、スピーキング
力のみを測定する Independent Speaking Test に出題される im-
promptu speech 形式の問いを用いて、論理的に英語を話す練習
を行った。

　具体的な質問は、次のようなものである。

　　Many people enjoy living in smaller towns. Others like
　　living in bigger cities. Which one do you prefer, living in a
　　small town or a big city? Please give details and exam-
　　ples to explain your choice.

　このような質問に対し、まず受講者全員に 15 秒以内で、一人
でのブレインストーミングをしてもらう。ブレインストーミング
法[3] は、Osborn（1953）によって開発された創造的アイディア
創出のための問題解決法であり、膨大なアイディアを出すことに
より、特定の問題に対する解決策を見つけるための集団活動であ
る（Clark, 1958; Miller, Vehar, & Firestien, 2001）。本来は様々
なアイディアを産出するために一人ではなく集団で話し合う方法
であるが、この講座においては、一人でなるべく多くのアイディ
アを瞬時に考え、それらを、この例でいえば「都会暮らし」と
「田舎暮らし」の利点と欠点に分類する作業を 15 秒の制限時間内
で行う。15 秒経過後に話を始めるわけであるが、その時には、
自分は都会と田舎のどちらを選ぶかが決まっており、それに決め
た理由を重要な順に述べることになる。受講生全員の imprompt-
tu speech が終了した後は、受講生たちによるディスカッション
となるが、その際は、(1) なるべく多くのアイディアを出す、

(2) 固定観念にとらわれない、(3) ほかのメンバーの出したアイディアを批判しない、(4) アイディアを練り上げより良いものにする、というブレインストーミング法の4つの基本的ルールを守って話し合うことになる。

4.3 講座アンケート結果

　講座終了後、講座受講の理由、講座を受講した感想、講座で役に立った所の3つについて、自由記述形式で答えてもらった。その結果は次のとおりである。なお、以下の記述は、過去4回実施した講座の代表的なものである。

〈なぜこの講座を受講しようと思いましたか〉

・これまで単語を覚えることや問題集に取り組むなど、机上で理解するような勉強ばかりしてきたため、スピーキングには自信がなく、また英語を使ってコミュニケーションをとる機会もあまりなかったため、受講してみようと思いました。

・スピーキング力を鍛える機会、アカデミック・スピーキングを練習する機会というのがなかなか無いため、この機会にこの講座を受講しようと思いました。

・TOEFL や IELTS のような試験をいつか受験してみたいという思いがあったため、今回の講座に参加しようと思いました。

・留学したいと考えているためです。

・服部先生の授業を受けてみたかったからです。

・学内一斉メールに講座の案内が送られ、その内容に興味を引かれたからです。(受付開始からすぐに定員に達する人気講座だと友人から聞いていたので、メール受信直後に申し込みをし、受講することができました。)

〈講座を受講した感想をお聞かせください〉

・少人数だったということもあり、とても充実した時間が過ごせました。また、服部先生からのアドバイスがしっかりしていたので、とてもためになりました。

・実際に英語を使ってスピーキングをすると、新しい課題が見つかり、よい勉強になりました。

・Zoom を使ったオンライン講座でしたが、想像していたよりもずっと英語を使う時間が長く、やりがいがありました。また、服部先生が私たち学生にも分かりやすい英語で比較的ゆっくり話してくださるため、英語の聞き取りが苦手な私でも取り組みやすかったと感じました。

・学生が発言した後に、直接服部先生からフィードバックを頂けたことで自分の弱点や改善点を認識することができました。また他の受講生の発言内容や、他の受講生への服部先生のフィードバックからも学べる点が多くあり、とても貴重な、学ぶことの多い機会となりました。

・少人数で、たくさん英語を話す機会があったので参加してよかったです。簡単なトピックなのに、いざ英語で話そうとすると、話す内容が上手くまとまらなかったり、単語が出てこず、日本語が思わず出そうになりました。そのため、自分の今のスピーキングレベルを再確認することができました。次回も是非参加したいと思いました。

・説明が全て英語で行われるため、はじめは聞き取れなかった部分も多くありましたが、徐々に耳が慣れ、リアクションを取れるようになりました。授業開始当初は、恥ずかしさや自信の無さからあまり話せなかったのですが、服部先生や他の受講生たちとの質疑応答により、自分でも変化に気づくことができるほど英語が抵抗なく話せるようになったことに驚きました。

Zoom によるオンラインの講座で、しかも短い時間でこんなに
もスピーキング力が向上するのだと嬉しくなりましたし、もっ
と自分の言いたいことをきちんと話せるようになりたいと思う
ようにもなり、英語を勉強するモチベーションが高まりました。
〈この講座のどのような所が勉強になりましたか〉

・ロジカルに英語を話すコツや、他の受講生が使っているアカデ
　ミックな英単語など、日頃の大人数の授業では気づかない点に
　気づけたという点が勉強になりました。

・服部先生の論理的に英語を話すための指導が、スピーキングだ
　けではなく、アカデミック・ライティングにも役に立つと思い
　ました。

・服部先生が返答一つひとつにアカデミック英語を身につけるた
　めに必要な適切なアドバイスをくださるので、話す内容の論理
　的構成のみならず、アカデミックな単語や文の構成についても
　深く知ることができました。

・他の人の意見を聞いたり、自分の意見を述べたりすることで、
　論理的な文章の組み立て方の難しさと楽しさを学ぶことができ
　ました。テーマに沿って自分の意見を述べるには、語彙力だけ
　でなく即興力も必要だということが分かり、その能力を伸ばす
　にはこの講座で行った練習を重ねていくしかないと思いました。

・Impromptu speech というスピーキング練習は、スピーキング
　力を伸長するのにとても効果的だと思いました。即興で英語ス
　ピーチをすることは今まで何回もありましたが、それが Im-
　promptu speech というのだと知ることができました。質問に
　対して、きちんと答え、詳細を論理的に話す、この流れを忘れ
　ずに、間違えてもよいからとにかく話をすることが大切である
　と思いました。

・論理的な話し方というのは、意識しなければ難しいことである

と改めて痛感しましたが、とても勉強になりました。特に私は日常的に、冗長な話し方をしてしまうことがよくあるためです。ですが今回のアカデミック・スピーキング講座では、講座の初めに服部先生に教えていただいたロジカル・スピーキングの基本的考え方を最初から最後まで意識して話すことが出来ました。今回教えていただいた論理的な話し方というのは、英語のみならず日本語においても大切なことですし、この先、様々な場面で活かしていけると思います。今回この講座に参加することが出来て本当に良かったです。

　本章では、英語学習における学習者が持つスピーキングに対する不安について考察し、その不安を軽減するための解決策として、オンラインによる少人数指導について検討した。そしてスピーキングの理論的考察として、スピーキングモデルについての先行研究を整理した。その上で、大妻女子大学英語教育研究所で2021年度から実施している Zoom を使った少人数での論理的に話す力を育成するためのオンライン・アカデミック英語講座の実践報告をした。

　アカデミック英語のスピーキング力を伸長したいと希望している学習者は多い。しかし、英語を使って論理的に話す力をつけるためには、どのようなことができるようになればよいのか具体的に把握している学習者は少ない。今後は、オンライン・アカデミック英語講座を継続的に実施しながら、学習者の現時点での英語力や英語学習の目的に合わせて、英語で何ができるようになればアカデミック英語のスピーキング力がつくのかといった明確な到達目標を、学習者がイメージできるようにしていく必要がある。

　＊オンライン・アカデミック英語講座の募集、申し込みの受付、

受講した学生へのアンケートの依頼とアンケート内容の整理
等、講座を実施するにあたってのサポートは、大妻女子大学英
語教育研究所の三澤揚子助手と中澤千波助手に全面的に協力を
いただいた。感謝を申し上げる。

注)
1) 第二言語習得において、「やり取り」が大きな役割を果たすとされている
   (Gass & Mackey, 2015)。その根拠として、学習者が相手の英語を理解でき
   ない際の確認（confirmation check）や明確化要求（clarification request）
   などの意味交渉（negotiation for meaning）によって、フィードバック
   や、理解しやすく修正されたインプット（modified input）が得られること
   で、言語習得が起こりやすくなることをあげることができる（Long, 1996）。
2) 不安のような学習心理を計量的に測定するために、Horwitz et al.（1986）
   は教室内における学習者の外国語不安を測定する尺度（Foreign Language
   Classroom Anxiety Scale: FLCAS）を開発した。その日本語版は Yashima
   et al.（2009）により発表された。
3) ブレインストーミング法以外にも、ブレインライティング法（Paulus &
   Yang, 2000）、スピードストーミング法（Joyce et al., 2010）、スキャンパー
   法（Eberle, 1971）など、これまで様々な発想技法が提唱されてきた。その
   中でもブレインストーミング法は、企業や学校教育現場の集団討議にも用
   いられることが多く、日常社会の中で創造的問題解決を行うのに有用な
   ツールであると認識されている（池田他, 2011）。

第 8 章

SGH、WWL での グローバル人材育成と RFCDC

　社会の大きな変革と共に教育におけるグローバル化対応の取り組みが加速している。高等学校における教育に着目すれば、2014年度からスーパー・グローバル・ハイスクール（SGH）事業が始まり、SGH の後継事業として 2019 年度からワールド・ワイド・ラーニング（WWL）コンソーシアム構築支援事業が始まった。SGH と WWL に通底するのがグローバル人材の育成である。

　本章ではまず、我が国においてグローバル人材が、政策文書においていかに定義されてきたのかについて整理する。そして、グローバル人材育成という理念が学校現場の具体的な取り組みの状況と関連しながら SGH と WWL においてどう展開したかを考察する。さらに 2018 年、Council of Europe（欧州評議会）が発表した RFCDC（Reference Framework of Competences for Democratic Culture、民主的な文化への能力参照枠）について取り上げ、グローバル人材測定ツールとしての RFCDC についての考察を行う。

1 ｜ グローバル人材の定義

　経済のグローバル化に伴ったグローバル人材の育成の出発点となったのは、2007 年の経済産業省と文部科学省による「産学人材育成パートナーシップ」の創設といえる（吉田, 2014; 鎌田他, 2018）。これは「産業界と教育界が、将来に向けて育成すること

が必要な人材像を共有し、人材育成における横断的課題や業種・分野的課題等について幅広く対話を行い、具体的な行動につなげる場」である（産学人材育成パートナーシップ，2009: 1）。ここでの「グローバル人材」とは、「企業が経営のグローバル化を進める上で、グローバルに通用する人材」である（産学人材育成パートナーシップ，2009: 3）。

2009年には「産学人材育成パートナーシップ」全体会議の下に「グローバル人材育成委員会」が設置された。この委員会は報告書においてグローバル人材に求められる能力を、(1) 社会人基礎力、(2) 外国語でのコミュニケーション能力、(3) 異文化理解・活用力、の3つに整理した（産学人材育成パートナーシップ・グローバル人材育成委員会，2010: 33）。

さらに2010年に文部科学省内に設置された「産学連携によるグローバル人材育成推進会議」がまとめた報告書においてグローバル人材は、「世界的な競争と共生が進む現代社会において、日本人としてのアイデンティティーを持ちながら、広い視野に立って培われる教養と専門性、異なる言語、文化、価値を乗り越えて関係を構築するためのコミュニケーション能力と協調性、新しい価値を創造する能力、次世代までも視野に入れた社会貢献の意識などを持った人間」とされた（産学連携によるグローバル人材育成推進会議，2011: 20）。

こうした一連の動きを総括し、グローバル人材の統一的な定義が試みられたのが「グローバル人材育成推進会議」による『中間まとめ』である。ここではグローバル人材の概念整理が行われ、次の3つの要素が提起された。すなわち、「要素Ⅰ：語学力・コミュニケーション能力」、「要素Ⅱ：主体性・積極性、チャレンジ精神、協調性・柔軟性、責任感・使命感」、「要素Ⅲ：異文化に対する理解と日本人としてのアイデンティティー」である（グロー

バル人材育成推進会議，2011: 7）。

　以上のようにグローバル人材としての資質・能力は、当初その
育成は産業界からの要請であったこともあり、日本が経済的な国
際競争に勝つことを念頭に置いて定義されていた（角谷，
2015）。しかし、教育界の要請と重なっていく過程でその範囲は
広がり、国際社会で活躍するために必要な資質・能力として広く
定義されることとなった（鎌田他，2018）。

2 ｜ SGH と WWL 事業

2.1 SGH 事業の展開

　2007 年以降議論されてきたグローバル人材育成は、2013 年に
閣議決定された『日本再興戦略～JAPAN is BACK～』において
高等教育と後期中等教育段階で具体化された。この文書において
は、グローバル化が進むなかで、社会および経済を成長させるべ
く世界で活躍できる若い人材の育成が急務であるとの認識から
SGH を創設することが提言された（内閣府，2013: 38）。

　SGH 事業で育成をめざしたグローバル人材はグローバル・リー
ダーであり、（1）社会課題に対する関心と深い教養、（2）コミュ
ニケーション能力、（3）問題解決力等の国際的素養を身に付け、
もって将来、国際的に活躍できる人材、と定義されている（スー
パー・グローバル・ハイスクール実施要領，2014）。

　SGH は、2014 年度 56 校、2015 年度 56 校、2016 年度 11 校が
文部科学省から指定を受けた。国・公・私立別では、国立 12 校、
公立 73 校、私立 38 校であり、指定期間は 5 年であった。SGH は
2021 年 3 月に終了し、2021 年 4 月からは SGH の取り組みを引き
続き実施するための要件を満たした学校が SHG ネットワーク校と

して SGH の成果普及とグローバル人材育成教育を行っている。

2.2 WWL 事業の展開

Society 5.0 が訪れようとするなか、日本の新たな社会を牽引する人材の育成が求められ、2018 年 6 月に文部科学省の「Society 5.0 に向けた人材育成に係る大臣懇談会」でまとめられた「Society 5.0 に向けた人材育成〜社会が変わる、学びが変わる〜」において、新たな時代に向けた学びの変革に取り組むべき施策として、文理両方を学ぶ高大接続改革に基づく WWL コンソーシアム構築支援事業の創設が提案された。

WWL は、これまで実施してきた SGH の取組の実績や成果を踏まえ、高校と国内外の大学、企業や国際機関等が協働し、グローバルな社会課題の解決等に向けた教科横断的で探究的な学びを通じて、イノベーティブなグローバル人材の育成を目指す事業である。WWL では、先進的なカリキュラムの研究開発と実践を行うカリキュラム開発拠点校を指定した。この拠点校を中心に、国内外の大学、企業や国際機関等と協働し、グローバルな社会課題等から選んだテーマを通じた高校生国際会議の開催や大学教育の先取り履修等、Society 5.0 に向けて文理両方を学ぶことを含め、高度かつ多様な科目内容を生徒個人の興味・関心・特性に応じて履修可能とする学習プログラム／コースの環境整備など、高校生に高度な学びを提供する仕組みである AL（アドバンスト・ラーニング）ネットワークの形成等を通じて、カリキュラム拠点校を全国に 50 校程度配置し、将来的に WWL コンソーシアムを構築しようとするものである（ワールド・ワイド・ラーニング・コンソーシアム構築支援事業実施要項，2019）。

WWL は 2019 年度から始まり、2019 年度 10 校、2020 年度 12

校、2021 年度 6 校が文部科学省からカリキュラム拠点校としての指定を受けた。国・公・私立別では、国立 6 校、公立 14 校、私立 8 校であり、指定期間は 3 年である。2021 年度は 2019 年度に指定を受けた高校の最終年度となった。

2.3 SGH と WWL におけるグローバル人材育成

　鎌田他（2018）は、SGH の構想調書を基にグローバル人材育成の特徴を分析するための類型を「普遍的価値志向型」、「問題解決志向型」、「ビジネス発信型」に分けた。この 3 つの類型の内、本稿では「普遍的価値志向型」と「問題解決志向型」について考察する。

　「普遍的価値志向型」におけるグローバル人材は、国際社会の相互理解、他国・他文化理解を根幹とする平和の構築・維持をめざす。共生や平和は、国家という単位を前提としつつも、人類全体が共有すべき普遍的な価値である。その実現に向けて、異なる考え方や価値観をもつ人々と共に生きるための態度が求められる。普遍的価値をめぐる議論は、その抽象度が高くなりがちであり、問題やそれが起きている場所を特定したり、具体化したりすることが困難な場合がある。価値実現のために求められる寛容といった態度も対象がもつ文化や習俗の多様性をどこまで捉えるかという葛藤を内包する。実現すべき価値も、そのために備えるべき態度も、抽象度が高いゆえに特定の文脈を設定しづらいことが多い（鎌田他，2018）。

　「問題解決志向型」におけるグローバル人材は、複数の国家にまたがって生じる課題の解決をめざす。たとえば、地球環境問題、エネルギー問題、貧困問題などである。この類型は、国境を越えるという点では「普遍的価値志向型」と同じだが、課題がよ

り具体化されている。そのため、課題の構造分析とそれに基づく有効的な解決策を、科学的な社会認識に基づき提案するというかたちでの、ある程度の文脈化が可能となる（鎌田他，2018）。

　SGHやWWLにおけるグローバル人材育成で「普遍的価値志向型」は、異文化理解を基盤とする多文化共生社会および平和の実現であるので、特定の国や地域の文脈によることが少ない。異文化理解とは、自分たちとは異なる文化を持つ人々に向けられたものである。SGHの佼成学園女子中学高校の場合、「多民族社会における平和的発展」を研究テーマとして設定し、「異なる価値観を受け入れる寛容な精神風土の醸成」を主な目的として、タイやイギリスでのフィールドワーク等を行い、その成果を論文にまとめ発表する「異文化研究」をカリキュラムに位置づけている。WWLの関西学院高等部の場合、これまでのSGHの取り組みや教育資源を活用し、「地球と人類に貢献する平和構築のための学び」のテーマに基づく先進的なカリキュラムの研究開発を行っている。

　SGHやWWLにおける「問題解決志向型」は、グローバルに設定した課題を中心に、海外の高校生との意見交換などによって解決しようとするものが典型である。「普遍的価値志向型」と重なる部分は多く、SGHにおいてもWWLにおいても「問題解決志向型」のテーマ設定をした学校が多数である。SGHやWWLで取り上げられたテーマは、食、飢餓、健康、環境、エネルギー、水、災害・防災、人権、紛争・平和、労働、貧困・格差、人口、医療、福祉、教育、国際協力、観光、ビジネス、まちづくり、経済発展・自然破壊、地域創生、などである。SGHの岡山学芸館高等学校の場合、「開発途上国における貧困」をテーマに、具体的なフィールドであるカンボジアにおいて、貧困の悪循環の原因を究明し、対策を発表している。WWLの筑波大学附属

坂戸高校の場合、次世代のグローバル人材育成を念頭に、社会課題の発生している現場での「国際フィールドワーク」を積極的に取り入れた体系的な探究型カリキュラムを開発し、国際社会において文化の異なる海外の人々と協働して社会的問題に取り組み、問題提起から解決に至る過程でリーダーシップ及びフォロアーシップを発揮できる人材を育成するシステムを構築している。以上のように、グローバル人材育成が学校現場でいかに解釈され、教育課程に位置づけられているのかの一端を SGH と WWL の取り組みから知ることができる。

SGH も WWL もグローバル人材育成のための教育を教育課程に位置づけ、具体化してはいるものの、その人材育成の成果は高校生の国際会議を開催し発表したり、報告書として発表したりといったレベルにとどまり、グローバル人材育成の教育効果について測定ツールを用いて可視化するまでには至っていない。そこで次にグローバル人材としての資質・能力を測定するために Council of Europe が開発した RFCDC について考察することにする。

3 │ RFCDC

3.1 RFCDC の構築

RFCDC は、2005 年 5 月に Poland の Warsaw で開催された Council of Europe の Third Summit of Heads of State and Government における "promoting a democratic culture among our citizens" が端緒となり、その構築が始まった。Council of Europe はその後、市民性の教育への取り組みとして、2007 年に The Council of Europe, in Recommendation CM/Rec（2007）6 で preparation for the labor market（労働市場への参加準備）、

preparation for life as active citizens in democratic societies（民主的な社会において能動的な市民として生きる準備）、personal development（自己啓発）、the development and maintenance of a broad, advanced knowledge base（幅広く高度な知識の形成と維持）、の4つの教育目標を掲げた（Council of Europe, 2007）。

さらに、2010年に Council of Europe は Charter on Education for Democratic Citizenship and Human Rights Education（EDC/HRE）を立ち上げ、Education for Democratic Citizenship[1]（民主的な市民性の教育）と Human Rights Education[2]（人権教育）を柱にするようになった（Council of Europe, 2010）。これらの流れに乗り2018年、Council of Europe は RFCDC を発表した（Council of Europe, 2016; 2018a; 2018b; 2018c）。

3.2 RFCDC の Competences

RFCDC を構築した Council of Europe は、理想とする社会を作るためには教育が不可欠であるとした。そして教育が未来の子どもたちが多文化社会の中で能動的で責任ある社会人に成長していくための能力を Competences for Democratic Culture（CDC、民主的な文化への能力）と定めた（Council of Europe, 2018a; 2018b）。CDC の全体像は次頁の図のとおりである。

Competences for Democratic Culture

Values
- Valuing human dignity and human rights
- Valuing cultural diversity
- Valuing democracy, justice, fairness, equality and the rule of law

Attitudes
- Openness to cultural otherness and to other beliefs, world views and practices
- Respect
- Civic-mindedness
- Responsibility
- Self-efficacy
- Tolerance of ambiguity

- Autonomous learning skills
- Analytical and critical thinking skills
- Skills of listening and observing
- Empathy
- Flexibility and adaptability
- Linguistic, communicative and plurilingual skills
- Co-operation skills
- Conflict-resolution skills

Skills

- Knowledge and critical understanding of the self
- Knowledge and critical understanding of language and communication
- Knowledge and critical understanding of the world: politics, law, human rights, culture, cultures, religions, history, media, economies, environment, sustainability

Knowledge and critical understanding

図　Competences for Democratic Culture（Council of Europe, 2018a: 38）

　CDC は、Values（価値観）、Attitudes（態度）、Skills（スキル）、と Knowledge and critical understanding（体系的な知識と批判的な理解）とその下に置かれた 20 の Competences（能力）から構成されている[3]。20 の能力は［Values］：(1) Valuing human dignity and human rights（人間の尊厳と人権に対する価値観）、(2) Valuing cultural diversity（文化的多様性に対する価値観）、(3) Valuing democracy, justice, fairness, equality and the rule of law（民主主義、公正性、公平性、平等性、そして法の支配に対する価値観）、［Attitudes］：(4) Openness to cultural otherness（文化の異なりに対する寛大さ）、(5) Respect（尊重）、(6) Civic-mindedness（公徳心・公共心）、(7) Responsibility（責任）、(8) Self-efficacy（自己効力感）、(9) Tolerance of ambiguity（曖昧さに対する寛容さ）、［Skills］：(10) Autonomous learning skills（自律学習のスキル）、(11) Analytical and critical thinking skills（分析・批判的思考のスキル）、(12) Skills of listening and observing（傾聴・観察のスキル）、(13) Empathy（共感）、(14) Flexibility and adaptability（柔軟性と適応性）、(15) Linguistic, communicative and plurilingual skills（言語的スキル・コミュニケーションスキル・複言語スキル）、(16) Co-operation skills（協調のスキル）、(17) Conflict-resolution skills（問題解決のスキル）、[Knowledge and critical understanding]：(18) Knowledge and critical understanding of the self（自己に対する体系的な知識と批判的な理解）、(19) Knowledge and critical understanding of language and communication（言語とコミュニケーションについての体系的な知識と批判的な理解）、(20) Knowledge and critical understanding of the world (including politics, law, human rights, culture, cultures, religions, history, media, economies, the environment and sustainability)（世界についての体系的な知識と批判的な理解（世界には以下が含まれる：政治・法律・人権・文化・諸文化・宗教・歴史・メディア・経済・環境・持続可能性））である。

　RFCDC は、能力である異文化間能力（intercultural competence）を基盤としている（Council of Europe, 2018a）。異文化間能力については、これまでに様々な分野で 30 以上のモデルと 300 以上の異文化間能力の構成概念が紹介され（Holt & Seki, 2012; Spitzberg & Changnon, 2009）、Council of Europe はこれらを参考にし、democratic culture のために必要な能力の記述を独自に示したといえる（宮本他，2021; 櫻井他，2021）。

3.3 RFCDC の Descriptor

　CDC は、それぞれの能力の level of proficiency（到達度）を確認するための key descriptor（キー・ディスクリプター）を135 項目設定し、これらを Basic（初級）、Intermediate（中級）、Advanced（上級）の 3 段階に分けた。

　135 項目の key descriptor は、以下の段階を経て構築された。まず、CDC を構成する 20 の能力を特定し（Council of Europe, 2016）、次に potential descriptor として、98 のリソースから2,085 項目が作成された。これらの potential descriptor は（1）簡潔さ、（2）肯定性、（3）明瞭さ、（4）他のキー・ディスクリプターからの独立性、（5）確実性の 5 つの基準を基に批判的に精査され、その結果 1,371 項目を draft descriptor とした。次に、RFCDC の構築に関わる専門家グループのメンバーが 1,371 項目の draft descriptor が CDC の概念を観察可能な言動を記述する上で適しているかどうか、また上記の 5 つの基準に適合しているかどうかについて検討し 990 項目に絞り込んだ。さらに、これらの 990 項目の draft descriptor を欧州 15 か国の教育に従事する様々な専門家を対象にアンケートを実施し 559 項目を選定した。この 559 項目を欧州 16 か国で、様々なレベルの教育機関、異なる社会文化的な文脈で働く教師を対象としたパイロット・スタディで検証し、447 項目のディスクリプターを選定した。そして最後に、項目応答理論に基づいた分析により、447 項目を難易度別に分類し、到達度の測定を可能にして 135 項目が key descriptor として最終的に特定された（Council of Europe, 2018b）。

3.4 RFCDC における文化的多様性に対する価値観と態度

　グローバル人材育成において「普遍的価値志向型」にとっても「問題解決志向型」にとっても不可欠なのは、異なる文化の共生と交流に関わる文化的多様性に対する肯定的価値観と寛容な態度である。

　RFCDC では、CDC を構成する 20 の能力のなかで、Values の要素における Valuing cultural diversity[4] と Attitudes の要素における Openness to cultural otherness[5] に関係する descriptor がそれぞれ 5 つある。以下は、その key descriptor である。

＊［Valuing cultural diversity（文化的多様性に対する価値観）］

・Promotes the view that we should be tolerant of the different beliefs that are held by others in society（社会の中の異なる信念を持った人々に対して寛容であるべきだという見解を推奨する）〈Basic〉

・Promotes the view that one should always strive for mutual understanding and meaningful dialogue between people and groups who are perceived to be "different" from one another（お互いを「違う」と感じているグループや個人間において、人は常に、有意義な対話を行い、相互理解を深める努力をすべきだという見解を推奨する）〈Basic〉

・Expresses the view that the cultural diversity within a society should be positively valued and appreciated（一社会における文化の多様性は、肯定的に評価され、その良さが理解されるべきだという見解を示す）〈Intermediate〉

・Argues that intercultural dialogue should be used to help us recognize our different identities and cultural affiliations（異

文化間対話は、互いの異なるアイデンティティーや文化的所属を認識する手助けのために用いられるべきだと主張する）〈Advanced〉

・Argues that intercultural dialogue should be used to develop respect and a culture of "living together"（異文化間対話は、互いを尊重する精神を育て、「共に生きる」という文化を発展させるために用いられるべきだ、と主張する）〈Advanced〉

＊［Openness to cultural otherness（文化の異なりに対する寛大さ）］

・Shows interest in learning about people's beliefs, values, traditions and world views（他人の考え、価値観、慣習、世界観について知ることに興味を示す）〈Basic〉

・Expresses interest in travelling to other countries（外国へ旅行することに興味を示す）〈Basic〉

・Expresses curiosity about other beliefs and interpretations and other cultural orientations and affiliations（自分とは異なる考えや解釈、および他者の文化的志向性や彼らが属する集団に好奇心を示す）〈Intermediate〉

・Expresses an appreciation of the opportunity to have experiences of other cultures（自分のとは異なる文化を経験する機会を得られることに感謝の気持ちを表す）〈Intermediate〉

・Seeks and welcomes opportunities for encountering people with different values, customs and behaviors（自分とは異なる価値観や習慣、振る舞いをする人たちと出会う機会を自ら求め、それを好意的に受けとめる）〈Advanced〉

・Seeks contact with other people in order to learn about their culture（他者の文化について学ぶために、その人たちとのつながりを求める）〈Advanced〉

以上の RFCDC の key descriptor は、文化的多様性に対する肯定的価値観と寛容な態度についてであり、地域社会およびグローバル社会における総合力の基盤となるといえる。

　本章では SGH および WWL 事業におけるグローバル人材を把握するために、まずはグローバル人材が行政レベルで使用されるようになった背景とその定義をめぐる動きを概観した。そして SGH と WWL 事業に着目した高校の教育現場でのグローバル人材育成について考察をした。SGH と WWL では、相互理解に基づいた文化的多様性、寛容、対話、協力の尊重により、様々なグローバル課題に取り組んでいることが分かった。しかし、グローバル人材としての資質・能力の測定は不十分であった。

　そこで、グローバル人材としての資質・能力を包括的に測定するツールとして Council of Europe が 2018 年に発表した RFCDC を取り上げ、その内容の考察を行った。RFCDC では、子どもたちが多文化社会の中で積極的に参加し、貢献できる人材に育っていくために必要な能力を CDC として示した。RFCDC は Council of Europe が膨大な費用、人材と時間を費やして構築したという点においては信頼できる指標である。しかし欧州という地域で開発された RFCDC の key descriptor が、日本の教育現場でそのまま使用できるかどうかについては検討する必要がある。今後は、RFCDC を日本の学校におけるグローバル人材育成の評価ツールとして使用するために、RFCDC の内容についての生徒、学生へのアンケート調査と教育者へのインタビューを実施し、どの項目をどのように書き換えればよいかを検討し、日本の教育現場への適応のための改良を行っていく必要がある。

注）

1) EDC/HRE における Education for Democratic Citizenship の定義は次のとおりである。Education, training, awareness-raising, information, practices and activities which aim, by equipping learners with knowledge, skills and understanding and developing their attitudes and behavior, to empower them to exercise and defend their democratic rights and responsibilities in society, to value diversity and to play an active part in democratic life, with a view to the promotion and protection of democracy and the rule of law. (Council of Europe, 2018a: Section 2.a)

2) EDC/HRE における Human Rights Education の定義は次のとおりである。Education, training, awareness raising, information, practices and activities which aim, by equipping learners with knowledge, skills and understanding and developing their attitudes and behavior, to empower learners to contribute to the building and defense of a universal culture of human rights in society, with a view to the promotion and protection of human rights and fundamental freedoms. (Council of Europe, 2018a: Section 2.b)

3) 20 の能力および key descriptor の日本語訳は櫻井他（2021）を参考にした。

4) Valuing cultural diversity には次の5つが含まれるとしている。(1) Recognition that cultural diversity and pluralism of opinions, world views and practices is an asset for society and provides an opportunity for the enrichment of all members of society. (2) Recognition that all people have the right to be different and the right to choose their own perspectives, views, beliefs and opinions. (3) Recognition that people should always respect the perspectives, views, beliefs and opinions of other people, unless these are directed at undermining the human rights and freedoms of others. (4) Recognition that people should always respect the lifestyles and practices of other people, unless they undermine or violate the human rights and freedoms of others. (5) Recognition that people should listen to and engage in dialogue with those who are perceived to be different from themselves. (Council of Europe, 2018a: 40)

5) Openness to cultural otherness には次の5つが含まれるとしている。(1) Sensitivity towards cultural diversity and to world views, beliefs, values and practices which differ from one's own. (2) Curiosity about, and interest in discovering and learning about, other cultural orientations and affiliations and other world views, beliefs, values and practices. (3) Willingness

to suspend judgment and disbelief of other people's world views, beliefs, values and practices, and willingness to question the "naturalness" of one's own world view, beliefs, values and practices. (4) Emotional readiness to relate to others who are perceived to be different from oneself. (5) Willingness to seek out or take up opportunities to engage, co-operate and interact with those who are perceived to have cultural affiliations that differ from one's own, in a relationship of equality. (Council of Europe, 2018a: 41–42)

第9章

WWL におけるグローバル人材育成達成度の検証

　社会の大きな変革と共に教育におけるグローバル化対応の取り組みが加速している。高等学校における教育に着目すれば、2014年度からスーパー・グローバル・ハイスクール事業（SGH）が始まった。SGH は 2021 年 3 月に終了し、SGH の後継事業として 2019 年度からワールド・ワイド・ラーニング・コンソーシアム構築支援事業（WWL）が始まった。SGH と WWL に通底するのがグローバル人材の育成である。

　WWL は Society 5.0[1] に向けた人材育成におけるリーディング・プロジェクトの一つとして、文理両方を学ぶ高大接続改革に基づく、ワールド・ワイドな学びを可能にするコンソーシアムを創設する事業である。WWL では、高度かつ多様な科目内容を、生徒個人の興味・関心・特性に応じて履修可能とする高校生の学習プログラムの開発と実践を担うものとして想定されている。WWL では、Society 5.0 において共通して求められる力である(1) 文章や情報を正確に読み解き対話する力、(2) 科学的に思考・吟味し活用する力、(3) 価値を見つけ生み出す感性と力、好奇心・探究力等を基盤として、将来、新たな社会を牽引し、世界で活躍できるビジョンや資質・能力を有したイノベーティブなグローバル人材の育成を目指している。そのために、高等学校と国内外の大学、企業、国際機関等が協働し、テーマを通じた高校生国際会議の開催等、高校生へ高度な学びを提供する仕組みであるアドバンスト・ラーニング・ネットワーク（AL ネットワーク）

を形成したカリキュラム拠点校を全国に配置することで、将来的にコンソーシアムへとつなげることを目的としている。

WWL の事業は、2021 年度（2022 年 3 月）に 2019 年度の指定校が最終年度をむかえたことにより、これまでのカリキュラム開発拠点校を中心とした WWL 事業の取り組み、その目標達成度に関する定量的で、定性的な検証を実施する必要がある。本章では、WWL におけるカリキュラム開発拠点校の目標達成度に関す効果検証の方法について検討を行う[2]。

1 | WWL の位置づけ

サイバー空間とフィジカル空間を高度に融合させたシステムにより、経済発展と社会的課題の解決を両立する、人間中心のスーパー・スマート・ソサエティ Society 5.0 が、日本が目指すべき未来社会の姿として 2016 年に日本政府によって提唱された。

2018 年 6 月 5 日に文部科学省の「Society 5.0 に向けた人材育成に係る大臣懇談会」でまとめられた「Society 5.0 に向けた人材育成〜社会が変わる、学びが変わる〜」において、Society 5.0 を牽引する人材として、（1）技術革新や価値創造の源となる飛躍知を発見・創造する人材、（2）技術革新と社会課題をつなげ、プラットフォームを創造する人材、（3）様々な分野において AI やデータの力を最大限活用し展開できる人材、等が定義された。

社会の在り方の変化に応じて能力や人材を育成するための学びの在り方も変わることとなった。Society 5.0 に向けた学びの在り方の変革のリーディング・プロジェクトとして、（1）「公正に個別最適化された学び」を実現する多様な学習の機会と場の提供、（2）基礎的読解力、数学的思考力などの基盤的な学力や情報活用能力をすべての児童生徒が習得、（3）文理分断からの脱却、

の 3 つが提示されている。このうち（3）の文理分断からの脱却
について、高等学校における教育の現状に対する課題として、高
校生全体で 7 割を占める普通科のうちのさらに 7 割は文系で、特
定の教科について学習が十分ではない傾向にあることが指摘され
ている。この課題に対し、文部科学省においては高等学校教育、
大学教育、大学入学者選抜を通じて学力の 3 要素を確実に育成・
評価する、三者の一体的な改革となる高大接続改革の推進が重要
であるとし、Society 5.0 に向けたリーディング・プロジェクト
の一つとして取組を進めている。

　高大接続改革のうち、高等学校教育においては学力の 3 要素を
育成することが求められている。この学力の 3 要素とは、（1）知
識・技能の確実な習得、（2）思考力、判断力、表現力、（3）主体
性を持って多様な人々と協働して学ぶ態度、である。

　「Society 5.0 に向けた人材育成～社会が変わる、学びが変わ
る～」によると、WWL は、この高大接続改革の文脈に位置つけ
られるものである。「Society 5.0 において共通して求められる力
を基盤として、将来、新たな社会を牽引し、世界で活躍できるビ
ジョンや資質・能力を有したイノベーティブでグローバルな人材
を育成する」ことを WWL の目的とし、主となる活動として、
アドバンスト・プレイスメントも含む高度かつ多様な内容を、個
人の趣味・特性等に応じて履修可能とする学習プログラム／コー
スの創設と、海外提携校等への短期・長期留学の必修化や海外か
らのハイレベル人材の受け入れによって留学生と一緒に英語での
授業・探究活動等を実施すること、の 2 点が説明されている。

　WWL に関連性の強い政策としては SGH があげられる。SGH
の趣旨は「高等学校等におけるグローバル・リーダー育成に資す
る教育を通して、生徒の社会課題に対する関心と深い教養、コ
ミュニケーション能力、問題解決力等の国際的素養を身に付け、

国際的に活躍できるグローバル・リーダーの育成を図ること」とあり、さらに事業目的として「グローバル・リーダー育成に資する教育に係る高大接続の在り方についても研究開発を行う」とある。

WWL は、これまで実施してきた SGH の取組の実績や成果を踏まえ、高校と国内外の大学、企業や国際機関等が協働し、グローバルな社会課題の解決等に向けた教科横断的で探究的な学びを通じて、イノベーティブなグローバル人材の育成を目指す事業である。このことから、WWL は SGH と同じ方向性に向かっているものであるといえる。実際に、WWL のカリキュラム開発拠点校が策定した構想計画書や実施報告書からは、WWL における取り組みが SGH のカリキュラム開発を受け継ぐ形で行われているものが多い。

以上から、WWL は、政策の系譜としては Society 5.0 に求められる人材を育成するための高大接続改革の中に位置づけられると同時に、政策内容としては多面的な能力を身につけ国際的に活躍できるグローバル人材の育成という、SGH と方向性を同じくするものである。

2 | WWL 事業検証の目的

我が国において、政策目的の明確化と合理的根拠に基づく政策の立案と遂行の必要性が認識されてきた。そのため EBPM[3) の推進の必要性が指摘されている。SGH についても、政策の実施開始から 5 年がたった 2018 年度以降、事業活動の成果を把握するための検証が行われているが、2021 年度が活動の最終年度となったカリキュラム開発拠点校がある WWL においても、SGH と同様にその事業成果の検証をすることが求められる。

　WWL では、イノベーティブなグローバル人材を育成するために、高校生に対して高度な学びを提供する仕組みとして AL ネットワークをカリキュラム開発拠点校に形成することが主要な活動内容である。AL ネットワークの中身として、他の高校や大学、企業、国際機関等との協働や相互交流が想定されている。カリキュラム開発拠点校においては、このような大きな枠の中で、各校が理解するイノベーティブなグローバル人材像に沿って、様々な具体的な活動を計画・実施している。

　WWL では、事業成果の評価として、カリキュラム拠点校でどのような道筋で事業を実施し、どのような成果を生み出しているのかを明らかにすることが求められている。また、成果の評価結果は政策のマネジメントから新たな形成の場面において活用されることも意図されている。

　以上から、事業検証の目的としては、以下の3点に整理することができる。(1) AL ネットワーク形成に必要な要素が明らかになり、WWL の目的までの道筋が関係者間で共有され、成果が定量的・定性的に把握されていること。(2) WWL の成果の EBPM への活かされ方が明らかにされていること。(3) 政策目標から学校現場までを一気通貫した EBPM の在り方が明らかにされていること。

3 ｜ WWL の内容と調査実施・分析手法

　WWL 事業の検証は、5つの調査項目について、管理機関やカリキュラム開発拠点校の教員、生徒、また WWL に参加していない生徒を対象に、アンケートやヒアリングを通じてデータ収集を行う。5つの調査項目は以下のとおりである。(1) カリキュラム開発拠点校へのアンケート調査、(2) カリキュラム開発拠点校

生徒へのアンケート調査等、（3）カリキュラム開発拠点校教員へのアンケート調査等、（4）カリキュラム開発拠点校教員へのヒアリング、（5）相互交流等による効果測定。

3.1 カリキュラム開発拠点校と AL ネットワークの類型化

　調査の実施と分析をする前提として、カリキュラム開発拠点校と AL ネットワークの共通する要素ごとに類型化をする必要がある。

3.1.1 類型化の目的

　WWL においては、各カリキュラム開発拠点校は、各校の教育方針や歴史といった特色をもとに目的を理解し、構想計画を作成している。そのため、個々の学校現場の実態をとらえた評価を実現するために、画一的で唯一の共通指標による評価は適当ではないと考えられる。そこで、事業検証においては最初に、このような各校の背景、方針、特色と、それらが反映された各校の構想について個別に分析・検証し、共通する要素を持つカリキュラム開発拠点校ごとに類型化を実施する。設定された類型は、多様な教育の現場を横並びで見て理解する際の水平的な視点の軸として活用すると同時に、多様な教育の学校現場の動向を整理し、政策につなぐための思考のハブとしても活用できる。

3.1.2 類型の設定とカリキュラム開発拠点校の類型化

　AL ネットワークを形成し、コンソーシアムの構築につなげるために、各カリキュラム開発拠点校が実施する活動として共通して求められる 2 つの項目は、グローバル化の推進と、探究型行動

の促進であり、カリキュラム開発拠点校を理解するための類型としてもこの2項目を用いることができる。

　WWLにおいて、カリキュラム開発拠点校はどちらの項目も推進する必要があるが、各拠点校の教育方針や特色に応じて、どちらの比重がより大きくなっているかという観点から類型化を図る。比重の傾きを判断するための具体的な観点としては、以下の点が考えられる。

(1)　構想計画のタイトル

(2)　構想計画書から読み取れる傾向

(3)　事業連携校の国内／海外の別

(4)　実施内容の中でグローバル化か探究型の比重

　　これらの観点で2019年度に選定されたカリキュラム開発拠点校を類型化すると、以下のように分類することができる。

・筑波大学付属坂戸高等学校

　〈タイトル〉グローバル

　〈構想計画傾向〉グローバル

　〈事業連携校〉海外4校／12校

　〈実施内容〉グローバル

　〈総合〉グローバル

・東京都立南多摩中等教育学校

　〈タイトル〉探究

　〈構想計画傾向〉探究

　〈事業連携校〉海外0校／11校

　〈実施内容〉探究

　〈総合〉探究

・渋谷教育学園渋谷高等学校

　〈タイトル〉探究

　〈構想計画傾向〉探究

〈事業連携校〉海外3校／6校

〈実施内容〉探究

〈総合〉探究

・金沢大学人間社会学域学校教育学類附属高等学校

　〈タイトル〉グローバル

　〈構想計画傾向〉グローバル

　〈事業連携校〉海外5校／11校

　〈実施内容〉グローバル

　〈総合〉グローバル

・静岡県立三島北高等学校

　〈タイトル〉探究

　〈構想計画傾向〉探究

　〈事業連携校〉海外0校／5校

　〈実施内容〉探究

　〈総合〉探究

・立命館宇治高等学校

　〈タイトル〉グローバル

　〈構想計画傾向〉グローバル

　〈事業連携校〉海外2校／10校

　〈実施内容〉グローバル

　〈総合〉グローバル

・大阪府立北野高等学校

　〈タイトル〉グローバル

　〈構想計画傾向〉探究

　〈事業連携校〉海外3校／12校

　〈実施内容〉探究

　〈総合〉探究

・神戸市立葺合高等学校

　〈タイトル〉グローバル

　〈構想計画傾向〉グローバル

　〈事業連携校〉海外 8 校／ 9 校

　〈実施内容〉グローバル

　〈総合〉グローバル

・関西学院高等部

　〈タイトル〉探究

　〈構想計画傾向〉グローバル

　〈事業連携校〉海外 0 校／ 20 校

　〈実施内容〉探究

　〈総合〉探究

・広島県立広島国泰寺高等学校

　〈タイトル〉グローバル

　〈構想計画傾向〉グローバル

　〈事業連携校〉海外 0 校／ 5 校

　〈実施内容〉グローバル

　〈総合〉グローバル

　上記の類型化の観点について、本章では公開されている構想計画書と報告書に基づき行い、さらに首都圏のカリキュラム開発拠点校数校からサンプルとしてヒアリングを実施し、内容と観点とを照らし合わせて観点に過不足がないかを確認した。本章では、2021 年度が WWL 指定校として構想計画の最終年度となった 2019 年度のカリキュラム開発拠点校の類型化を行ったが、今後は 2022 年度と 2023 年度が最終年度となるカリキュラム開発拠点校についても、事業報告書が公開され次第、類型化を行う必要がある。

　WWL の基本単位である、各カリキュラム開発拠点校が形成を進める AL ネットワークの調査・分析も今後進めていく必要があ

るが、その場合も類型化の考え方を活用することが大切である。カリキュラム開発拠点校をはじめとするステークホルダー、ステークホルダー間の関係や役割、各ステークホルダーが有する資源や特徴、AL ネットワークの置かれる地理的状況等によって、AL ネットワークはその方向性や構成要素を異にすると考えられる。そのため AL ネットワークに関してもカリキュラム開発拠点校と同様に、画一的で唯一の共通指標による評価は適当ではない。今後は、目的、資源、ステークホルダー、各ステークホルダー間の関係、カリキュラム開発拠点校の類型等の、AL ネットワークを構成する諸要素の関係を外延的に記述して可視化することで、現在形成されているコンソーシアムの AL ネットワーク間の同一性と差異を明らかにし類型化する必要がある。

　これにより、AL ネットワークの各類型において、AL ネットワークを構成する諸要素の構造を明らかにすることができるため、同型の AL ネットワーク間での比較や形成促進要因の共有が可能となる。さらにこの調査結果を、今後 AL ネットワークを形成する際にその AL ネットワークが有するべき構造の参照先とすることで、効率的・効果的に AL ネットワークを形成することが可能となる。

3.2 各調査項目の調査研究実施・分析方法

　WWL 事業検証は、5つの調査項目について、主にカリキュラム開発拠点校の教員や生徒を対象に、アンケートやヒアリングを通じてデータ収集を行う必要がある。以下、それぞれの項目について、詳しく見ていくことにする。

3.2.1 カリキュラム開発拠点校へのアンケート調査

　カリキュラム開発拠点校の類型に基づき、拠点校の活動がどのように各類型で理解されている「イノベーティブなグローバル人材」の育成につながるのか、インプット、アウトプット、アウトカムのつながりを明らかにしたロジックモデルの作成を行う。各類型のカリキュラム開発拠点校数校へのサンプルヒアリングや運営指導委員会との議論を経て、同ロジックモデルにおいて、特に重視すべきアウトカムを特定し、それを測るための指標を設定する。それにより、類型ごとに共通する評価指標が設定されることになる。

　カリキュラム開発拠点校が毎年度発行する報告書では、拠点校自身がWWL事業の検証を行っている。拠点校によっては独自の評価指標を活用しているので、類型ごとに作成するロジックモデル上で検証業務において設定する共通指標とも照らし合わせ、必要に応じて学校現場を適切に反映するために共通指標を、またはカリキュラム開発拠点校自身がより適切に評価ができるよう拠点校の指標を再検討し、実施する検証と最終的な目標との関係を明らかにする。

3.2.2 カリキュラム開発拠点校生徒へのアンケート調査等

　カリキュラム開発拠点校生徒へのアンケートでは、グローバル・コンピテンシーとイノベーティブなグローバル人材の関係性の明確化をする必要がある。OECDはPISA2018において、生徒のグローバル・コンピテンスが求められる能力が、知識、スキル、態度、価値の組み合わせで多面的に成り立っているものであるとして以下4点を定義している。（1）地域的、世界的、そして異文化間の課題を検討する能力、（2）他者の視点と世界観を理解し認める能力、（3）異なる文化を持つ人々とオープン、適切、効

果的に関わる能力、(4) 共同体の幸福と持続可能な開発のために行動する能力。

　グローバル・コンピテンシーは、WWL で育成を目指すイノベーティブなグローバル人材像の一側面である。先に述べたとおり、WWL は Society 5.0 を牽引する人材育成につながる高大接続改革の文脈に位置づけられると同時に、SGH 構想と方向性を同じくするものである。

　Society 5.0 では共通して求められる力が 3 つの観点でまとめられており、高大接続改革では学力の 3 要素が規定されている。また、各カリキュラム開発拠点校は、WWL への応募にあたり、「構想目的・目標：事業の趣旨を踏まえて、イノベーティブなグローバル人材像を、資質・能力（コンピテンシー）、心構え・考え方・価値観等（マインドセット）、探究スキル等の観点から多面的に設定し、明確化」することを求められている。ここであげられている 3 つの観点は「SGH の事業成果検証において、高校生段階のグローバル人材の資質・能力を測るための指標を設定した際に用いたものであり、本事業においても活用する予定」とされている。SGH 事業検証ではグローバル・コンピテンシーを測るため、対象生徒が 8 項目に対して 6 段階で自己評価をするアンケートを取っている。

　以上のように、グローバル・コンピテンシーは、WWL そのものや、同事業に関わる複数の政策やコンセプトにおいて定義される人材像や力で求められると同時に、今までも日本国内での測定がなされていることに加え、国際的にも OECD の PISA2018 グローバル・コンピテンスという形で測定がなされている。

　WWL の事業検証においては、PISA2018 グローバル・コンピテンスの設問内容と、SGH 事業検証で用いられたグローバル・コンピテンシーを測定するためのアンケート項目との関連性、ま

た、グローバル・コンピテンシーがどのように WWL で育成を
目指すイノベーティブなグローバル人材にとって必要とされてい
るものなのか、といった項目を明らかにする必要がある。そのた
めには、PISA2018 グローバル・コンピテンスの開発経緯に関す
る議論や日本国内でのグローバル人材像の設定に至る議論に加
え、2018 年の Council of Europe が発表した RFCDC についても
調査をし、グローバル・コンピテンシーにかかる論点を洗い出
す。同時に、別途実施するカリキュラム開発拠点校へのヒアリン
グの結果からは、学校現場で認識するグローバル・コンピテン
シーの構成要素を洗い出し、論点との関係性をみながら、類型ご
とのロジックモデルと照らしてみることで、グローバル人材育成
までの道筋を明らかにすると同時にグローバル人材像の解像度を
高める。それにより、PISA2018 グローバル・コンピテンスを利
用した調査結果が、いかに WWL に活用できるかも明らかにす
ることが可能となる。

3.2.3　カリキュラム開発拠点校教員へのアンケート調査等

　この調査は、アンケート対象が教員であり、WWL への取組に
ついて、教員の立場からの評価を明らかにすることを目的にして
いる。そのための観点としては、SGH と WWL との実施体制や
取組の違いに加え、WWL を構成する AL ネットワークの形成促
進、また、WWL における教員の役割や負荷、WWL に関わるこ
とでもたらされた教員の変化、なども調査する。それにより、
AL ネットワーク形成に必要な要素の洗い出しが可能となる。

3.2.4　カリキュラム開発拠点校教員へのヒアリング

　この調査においては、好事例について、そこにいたるプロセス
も含めたエピソード収集と分析、好事例を形成する共通事項の洗

い出しを行う。そのためにも、まず何をもって好事例と言いうるか、その定義を確定させる必要がある。

好事例の定義は、4.2.1. で作成するロジックモデルを活用する。同ロジックモデルは、「イノベーティブなグローバル人材」の育成を最終アウトカムとして、そこにつながる初期・中間のアウトカムを複数設定し、運営指導委員会やカリキュラム開発拠点校との議論を踏まえた重要アウトカムを特定することを計画しており、この重要アウトカムの内容が好事例の指すところといえる。

ヒアリングにおいては、重要アウトカムに関連する個別事例とその具体的な内容を確認する。そして、ロジックモデルで設定したインプット・アウトプット・アウトカムの仮説に沿って、その内容がどのように発現したのかを確認していく。好事例の発現のプロセス確認におけるロジックモデルの役割は、実際のプロセスがロジックモデルに沿っていることを確認するためではなく、ヒアリングを効果的に展開するための指針とすることに留意し、ヒアリングを実施する。

3.2.5 相互交流等による効果測定

この調査においては、相互交流の効果とイノベーティブなグローバル人材の関係性を明確にする。イノベーティブなグローバル人材像は、主に「資質・能力（コンピテンシー）、心構え・考え方・価値観等（マインドセット）、探究スキル」の観点から設定する。この調査では相互交流の効果に焦点を絞り込んでいることから、ロジックモデルを活用しながら、相互交流が生徒にどのようなインパクトを与え、それがさらにどのようにイノベーティブなグローバル人材育成に影響しうるのかまでを見通した調査を行う。それにより、目指す人材育成におけるアプローチとしての相互交流の役割の重要性と在り方も明らかにする。

　本章では WWL の効果検証の目的として以下の 3 点をあげた。
（1）AL ネットワーク形成に必要な要素が明らかになり、WWL
コンソーシアム構築の目的までの道筋が関係者間で共有され、成
果が定量的・定性的に把握されていること、（2）WWL の成果の
EBPM への活かされ方が明らかにされていること、（3）政策目
標から学校現場までを一気通貫した「現場に寄り添う EBPM」
の在り方が明らかにされていること。

　上記目的に対応した形で、調査目的 3 つと、その達成のために
明らかにすべきこと、調査研究の実施内容は以下のとおりであ
る。（1）カリキュラム開発拠点校における類型的な成果の効果
的・効率的な評価のあり方の仮説を立て、検証していくために、
現在実施しているカリキュラム開発拠点校が実施する検証と、拠
点校の類型化に基づき最終的な目標との関係を明らかにする、
（2）効果的な AL ネットワークの形成に寄与する要素の仮説を立
て、検証していくために、AL ネットワークの現状把握と形成促
進における課題を明らかにする、（3）WWL 全体のアウトカムと
各拠点校の評価の在り方の関係を明らかにする。

　調査では、調査研究の内容および調査・分析の方法として述べ
た 3 つの目的に対して以下の効果検証の PDCA サイクルを回す
ことで EBPM を実施することができる。効果検証の PDCA サイ
クルは以下のとおりである。

【P】計画：
　・目指している状態（最終アウトカム）と、現状の課題を把握
　　する。
　・ステークホルダーの洗い出しと、それぞれのステークホル
　　ダーのアウトカムを明確化し、ロジックモデルを作成する。
　・ロジックモデル上の重要なアウトカムに対応させて指標を設
　　定する。

・指標に応じて、測定方法と効果の検証方法を決定する。

【D】実施：

　・設定した指標を測定する。

【C】効果の検証：

　・測定結果を分析し、効果を検証する。

【A】活用：

　・効果検証結果から、活用方法を検討し、政策に反映する。

　・次の PDCA サイクルに活用する。

　2022 年度以降は、WWL の成果の普及促進のための取り組みとして、広く社会一般に事業の成果を公開するとともに、調査研究で明らかにされた内容についての発表を行っていく必要がある。

注)

1) Society 5.0 は、狩猟社会（Society 1.0）、農耕社会（Society 2.0）、工業社会（Society 3.0）、情報社会（Society 4.0）に続く、新たな社会を指す Super Smart Society である。イノベーションにより新しい価値が生まれる「超スマート社会」について、第 5 期科学技術基本計画では次のように定義されてしている。「必要なもの・サービスを、必要な人に、必要な時に、必要なだけ提供し、社会の様々なニーズにきめ細かに対応でき、あらゆる人が質の高いサービスを受けられ、年齢、性別、地域、言語といった様々な違いを乗り越え、活き活きと快適に暮らすことのできる社会」。

2) WWL におけるデータ収集・分析、効果検証方法に関しては、ケイスリー㈱からの多大な協力をいただいた。

3) EBPM とは、Evidence-based Policy Making（証拠に基づく政策立案）の略である。EBPM のトップランナーはアメリカであり（津田・岡崎, 2018）、日本においては、統計法の一部改正や、官民データ活用基本法の成立といった動きが見られた 2018 年が、EBPM 元年と称されている（菊池, 2018）。一口に EBPM と言っても、その内実は多様であり、Watts & Marston（2004）は EBPM を明確に定義することが難しいとしている。杉谷（2021）はランダム化比較試験を重視する考えもあれば、業績測定など従来の政策評価で用いられてきた手法の活用も見られ、EBPM の内実は曖昧であるとしている。足立・杉谷（2020）は、EBPM とは「政策決定者・

実施者による専門知のより積極的な活用の必要性を強調し、そのことを通して政策の質の飛躍的向上に寄与しようとする、多様な理論枠組みと政策実務のガイドラインにあたえられた総称」と述べている。2018 年度「内閣府における EBPM 取組」では EBPM を「政策の企画立案をその場限りのエピソードに頼るのではなく、政策目的を明確化したうえで政策効果の測定に重要な関連を持つ情報やデータ（エビデンス）に基づくものとすること」としている。内山他（2018）は「実験的・準実験的手法に基づいて明らかになった、施策に関する定量的な因果効果」を本来の意味でのエビデンスないし狭義のエビデンスとし、「インタビュー等に基づく定性的な因果関係や、シミュレーション分析の結果、データ・ファクト等」を含めたものを広義のエビデンスとしている。

第 10 章

RFCDC における
Attitudes と Values の育成

　グローバル化に伴い、日本国内とは異なる環境への適応、多様なバックグラウンドをもつ人々との協業等、グローバル人材の育成が学校教育で求められている。高等学校における教育に着目すれば、グローバル人材育成事業として、文部科学省により 2014 年度から SGH 事業が始まった。SGH の後継事業として WWL コンソーシアム構築支援事業が 2019 年から始まり、SGH は 2021 年 3 月に終了した。SGH の指定が終了した後も SGH 事業を継続して実施している学校は、文部科学省より SGH ネットワーク校として認定され、WWL と共にグローバル人材の育成を行っている。

　本章ではまず、OECD（Organization for Economic Cooperation and Development）の Education 2030 プロジェクト（Future of Education and Skills 2030 Project）と Council of Europe が 2018 年発表した RFCDC についての考察を行う。続いて SGH ネットワーク校で筆者が実践した RFCDC における Attitudes と Values を育成するためのワークショップの報告を行う。

1 ｜ OECD の Education 2030 プロジェクト

　OECD は 2015 年に Education 2030 プロジェクトを立ち上げ、VUCA 時代である 2030 年の世界を生き抜くために、子供たちに必要な力は何か、そしてそれをどのように育成するのかといったことを検討している。

OECD は、2003 年に DeSeCo（Definition and Selection of Competencies: Theoretical and Conceptual Foundations Project）の最終報告で、21 世紀に必要な能力としてキー・コンピテンシー（Key-competencies）[1] を発表しているが、Education 2030 はその後継といえる[2]。そして Education 2030 フェーズ I の最終報告（Concept Note）で提示された中心的概念は、学習の枠組みとしてのラーニング・コンパス 2030（Learning Compass 2030）である（OECD, 2019）。

ラーニング・コンパス 2030 ではエージェンシー（Student Agency）という力が注目されている。エージェンシーは、心理学においては行為主体と訳されているが、ラーニング・コンパス 2030 では必ずしも社会学や心理学などの特定の学問分野に依拠するものではなく、より広い意味での概念として位置づけられている（白井，2020）。ラーニング・コンパスにおいては the capacity to set a goal, reflect and act responsibly to effect change（変化を起こすために、自分で目標を設定し、振り返り、責任を持って行動する能力）と定義されている（OECD, 2019）。

ラーニング・コンパス 2030 では、2030 年の目標であるウエルビーイング（Well-being）を達成するために、どのようなコンピテンシーが必要なのかという概念図が描かれている。また、身につけるべきコンピテンシーを構成する要素として Knowledge（知識）、Skills（スキル）、Attitudes & Values（態度・価値）をあげている。現在、Education 2030 プロジェクトはフェーズ II に入っており、これらの学習の枠組みをいかに実現するか、どのようなカリキュラムを構築しなくてはならないかという検討をしている。

2 | RFCDC

　RFCDC は、欧州市民が、人権、民主主義、法の支配を擁護し促進するための行動を起こしたり、民主的文化に参与したり、文化的に多様な社会で他者と共に暮らす際に必要な様々な能力を若者に提供することをめざしており、高等教育を含めシティズンシップ教育が育むべき具体的能力を教育、評価する上で有効な基準として用いられ始めている（森山，2021）。

　第 8 章で詳しくのべたとおり、Council of Europe が 2018 年に発表した RFCDC は、未来の子供たちが多文化社会の中で能動的で責任ある社会人に成長していくための能力を CDC（Competences for Democratic Culture，民主的な文化への能力）と定めた（Council of Europe, 2018a; 2018b; 2018c）。CDC は、Values（価値観）、Attitudes（態度）、Skills（スキル）と Knowledge and critical understanding（体系的な知識と批判的な理解）とその下に置かれた 20 の Competences（能力）から構成され、異文化間能力を基盤としている。

3 | グローバル人材育成ワークショップ

　文部科学省では、高校段階におけるグローバ人材育成の取組を一層促進するため、SGH の取組を引き続き実施する要件を満たした高校を SGH ネットワーク校として支援している。2021 年 10 月 23 日（土）にグローバル人材育成ワークショップを実施した大妻中野中学高等学校は、SGH ネットワーク校でまたユネスコ・スクールでもあり、生徒の 1 割が海外帰国生、教員の 1 割が外国人の学校である。

　このワークショップでは「自分とは異なる他者を理解・受容す

る」をテーマにし、RFCDC の Attitudes と Values 育成に特化した授業を行った。生徒は中学 2 年生から高校 2 年生までの、日頃から探求学習をとおしてグローバルな活動をしているフロンティア・プロジェクトに属する 33 名である。ワークショップ終了後は、RFCDC の Attitudes と Values 測定ツールを用いた自己評価アンケートを実施した。

フロンティア・プロジェクトは学年を超えて、大学や企業、海外の機関などと連携して行われる特別プログラムである。先輩・後輩、帰国生・一般生、学年やコースを超えて、毎年 4 月にプロジェクト・チームに参加希望をした生徒なら誰でもメンバーになることができる課外授業である。毎週土曜日の午後に国際的に活躍している大学教授、国際機関の職員、国内外の国際的な企業の社員などを講師に招き活動をしている。

ワークショップに参加するフロンティア・プロジェクト・チームのメンバーには、あらかじめ異文化間能力に関する次の資料を配布した。「通信技術の急激な発展に伴いグローバル化がますます顕著になり、異文化間能力に関しては、ヨーロッパや北米を中心に、盛んに学術的議論が行われてきました。異文化間能力は、ことばや考え方などの文化が異なる多様な人々と協働して生きていくために必要な能力です。ここで言う文化とは、ことば、価値観、宗教、考え方、などを広く含むものであり、これらの文化的要素が異なる相手は必ずしも国境を挟んだところに存在するとは限りません。性別、世代、身体的特徴などが異なる相手は自分の身の周り、あらゆるところに存在します。つまり、異文化間能力は外国の人との交流にのみ必要なものではなく、自分と何らかの点で異なる相手とのつきあいに必要な力といえます。本ワークショップでは、文化を国や民族で区切るのではなく、自分とは違う他者をいかに理解・受容し、柔軟に対処できるかという能力の

育成を、アクティブ・ラーニングの1つである探究学習を通して
実践します。(本講義での使用言語は英語となります。)」

　ワークショップは、まず The Crayon Box That Talked という
物語を英語で読み、続いて正解が必ずしもない質問をする。生徒
は3名から4名のグループに分かれ、グループの人と意見交換・
協働したりしながら、ディスカッションの内容を整理・分析し、
グループごとにまとめ・発表をする。新学習指導要領に示されて
いる探究学習の流れは、(1) 課題の設定、(2) 情報の収集、(3)
整理・分析、(4) まとめ・表現である。このワークショップでは
時間の関係で、残念ながら生徒たちが自ら課題を設定することは
できなかったが、与えられた問いの解決のための探求学習を行う
ことができた。The Crayon Box That Talked に続き、The Man
and the Eagle という物語を読み、同様に探求学習を行った。
The Crayon Box That Talked とそれに続く質問、The Man and
the Eagle とそれに続く質問は、次のとおりである[3]。

The Crayon Box That Talked

　(by Shane DeRolf)

　While walking in a toy store, the day before today,

　I overheard a crayon box with many things to say.

　"I don't like Red," said Yellow. And Green said, "Nor do I."

　And no one here likes Orange, but no one knows just why.

　"We are a box of crayons that doesn't get along,"

　said Blue to all the others, "Something here is wrong!"

　Well, I bought that box of crayons, and took it home with me,

　And laid out all the crayons so the crayons could all see...

　They watched me as I colored with Red and Blue and Green,

　and Black and White and Orange, and every color in between.

They watched as Green became the grass and Blue became the sky.

The Yellow sun was shining bright on White clouds drifting by.

Colors changing as they touched, becoming something new.

They watched me as I colored. They watched me till I was through.

And when I'd finally finished, I began to walk away.

And as I did the crayon box had something more to say...

"I do like Red!" said Yellow

And Green said, "So do I!

And, Blue, you were terrific,

So high up in the sky!"

We are a box of crayons,

Each one of us is unique

But when we get together...

The picture is complete.

Questions

 · Why didn't the crayons in this box get along?

 · Why did the little girl take the box of crayons home?

 · What did it take for the crayons to begin to appreciate each other?

 · What were the benefits of the box of crayons working together?

 · Are people sometimes like this box of crayons? In what ways do you think they are similar to the box of crayons?

・Is the box of crayons similar to your classroom, club, or group? How is it similar? How does it differ? Explain.

・Do you think this box of crayons became more open-minded toward each other? Were new friendships formed?

・Each crayon had a unique quality that contributed to the picture. Think of two unique qualities you have as an individual. Share them with a partner or the group. Listen as your partner shares their qualities. Take note of any similar and/or different qualities that you and your partner have.

・Pretend you and your friends were like this box of crayons. What would the picture that you color look like?

The Man and the Eagle

(Author unknown)

There was once a man who had never seen an eagle. One day a magnificent eagle landed on his windowsill, and when he saw it, he exclaimed, "What an ugly creature!" The man grabbed the eagle and pulled it into his house. "First, I'm going to fix that curved beak of yours." He used a file to remove the hook in the eagle's beak. "Those claws are vicious looking," the man said as he clipped the eagle's claws until there was little left. When he finished, the man said, "There, now you look better." And he put the bird back on his open windowsill and shooed it away. You can imagine how long the newly trimmed eagle lasted in the wild.

Questions

- Think about the eagle for a moment. How important do you think it is for the eagle to have its claws and sharp beak?
- Why are the eagle's beak and claws important to its survival?
- After reading this story, why do you think the man changed the bird?
- Did the man know the importance of the eagle's claws and beak? If he knew more about eagles, do you think he would have appreciated the eagle instead of changing it?
- Have you ever tried to change a person who is different from you?
- Are some people cruel in this manner to people with whom they are not familiar?
- Do you think it's ethical to change people because you think their characteristics are different or somehow less superior to yours? If so, in what situation do you feel this is justified?
- What happens when people place their beliefs on others?
- Can all people be judged by the same standard of beauty? Why or why not?
- In your opinion, what makes a person beautiful/attractive?
- What role does a person's preference play in deciding what is beautiful or attractive?
- How do we treat people who don't look like us — have different skin colors; are taller, thinner, or heavier; have braces or glasses; use a cane to walk; have wrinkles; are older, younger, deaf, or blind?

　ワークショップの最後に Attitudes と Values に関する自己評価アンケートを実施した。RFCDC には、Attitudes と Values に関する Competences が次のように示されている。

　［Attitudes］：Openness to cultural otherness（文化の異なりに対する寛大さ）、Respect（尊重）、Civic-mindedness（公徳心・公共心）、Responsibility（責任）、Self-efficacy（自己効力感）、Tolerance of ambiguity（曖昧さに対する寛容さ）、［Values］：Valuing human dignity and human rights（人間の尊厳と人権に対する価値観）、Valuing cultural diversity（文化的多様性に対する価値観）、Valuing democracy, justice, fairness, equality and the rule of law（民主主義、公正性、公平性、平等性、そして法の支配に対する価値観）[4]。

　今回の自己評価アンケートでは、Attitudes に関しては Openness to cultural otherness の Competences に示された Key Descriptor ついて、Values に関しては Valuing cultural diversity の Competences に示された Key Descriptor ついてたずねた。

　自己評価アンケートの結果は次のとおりである。生徒たちの Attitudes と Values に対する意識がとても高いことがわかるが、これは今回のワークショップの成果というよりは、日頃からフロンティア・プロジェクト・チームの生徒たちがグローバル人材育成教育を受けていることの成果が表れたともいえる。

〈Attitudes（態度）：文化の異なりに対する寛大さ〉	非常にあてはまる	ほとんどあてはまる	どちらかといえばあてはまる	あてはまらない	全くあてはまらない
他人の考え、価値観、慣習、世界観について知ることに興味を示す。	82%	12%	6%	0%	0%

	非常にあてはまる	ほとんどあてはまる	どちらかといえばあてはまる	あてはまらない	全くあてはまらない
外国へ旅行することに興味を示す。	76%	18%	6%	0%	0%
自分とは異なる考えや解釈、及び、他者の文化的志向性や彼らが属する集団に好奇心を示す。	67%	27%	6%	0%	0%
自分のとは異なる文化を経験する機会を得られることに感謝の気持ちを表す。	88%	12%	0%	0%	0%
自分とは異なる価値観や習慣、振る舞いをする人たちと出会う機会を自ら求め、それを好意的に受けとめる。	67%	27%	6%	0%	0%
他者の文化について学ぶために、その人たちとのつながりを求める。	76%	18%	6%	0%	0%

〈Values（価値観）：文化的多様性に対する価値観〉	非常にあてはまる	ほとんどあてはまる	どちらかといえばあてはまる	あてはまらない	全くあてはまらない
社会の中の異なる信念を持った人々に対して寛容であるべきだという見解を推奨する。	82%	15%	3%	0%	0%
お互いを「違う」と感じているグループや個人間において、人は常に、有意義な対話を行い、相互理解を深める努力をすべきだという見解を推奨する。	79%	15%	6%	0%	0%
一社会における文化の多様性は、肯定的に評価され、その良さが理解されるべきだという見解を示す。	82%	12%	6%	0%	0%
異文化間対話は、互いの異なるアイデンティティーや文化的所属を認識する手助けのために用いられるべきだ、と主張する。	76%	21%	3%	0%	0%

異文化間対話は、互いを尊重する精神を育て、「共に生きる」という文化を発展させるために用いられるべきだ、と主張する。	76%	18%	6%	0%	0%

　ワークショップを受講した中学 2 年から高校 2 年の生徒たちの代表的なフィードバック（各学年 2 名）、校長およびフロンティア・プロジェクト担当顧問教諭のフィードバックは次のとおりである。

・〈参加生徒（中学 2 年生）〉

　「国が違えば、文化や考え方が異なるのはもちろんですが、たとえ同じ国の人だとしても人と人はそれぞれ違うため、多様性を理解し、受け入れていくというのは、これからの人生でとても重要なことだと感じました。自分の考えを強要しない、相手に共感していくことが、相手にとっても自分にとってもためになることであり、共に生きていくうえで必要だと思いました。」

・〈参加生徒（中学 2 年生）〉

　「今日のワークショップでは、グループでの話し合いがとても興味深いと感じました。The Crayon Box That Talked を読んだ時には、クレヨンの気持ちまでは考えられませんでしたが、話し合いをしたことにより、クレヨンの気持ち、グループの意見などを聞くことができました。また、他のグループの発表を聞き、自分たちが考えなかったことも聞くことができ、とてもためになりました。」

・〈参加生徒（中学 3 年生）〉

　「The Man and the Eagle を読んで、相手をそのまま受け入れることの重要性を感じました。グループで話し合う機会が多

くあり、自分の気づかなかった視点も共有でき、よかったです」。

・〈参加生徒（中学3年生）〉

　「今日のワークショップは、私たちフロンティア・プロジェクトのメンバーだけではなく、もっと多くの生徒に体験してほしいと思えるものでした。深い内容に加え、全て英語で行われるため、自分の英語力のなさを痛感し、英語が上手な人から多くの刺激をもらいました。もっと英語を勉強したいというモチベーションにつながり、とても有意義な時間となりました。」

・〈参加生徒（高校1年生）〉

　「他の人が自分と違う意見を持つのは当たり前という意識を持つことが大切であることを学びました。違いを知ったときに柔軟に対応できるようにしなくてはいけないと強く感じました。The Crayon Box That Talked や The Man and the Eagle の話と同じようなことが私の周りで起きていないか、気にかけるようにしなくてはと思うようになりました。」

・〈参加生徒（高校1年生）〉

　「今日のワークショップで、自分とは違う人を受け入れることの大切さを学ぶことができました。今までも、世界には様々な人々が暮らしていることは理解しているつもりでしたが、今日、2つの物語を読むことによって、どのように異文化の人と接するべきかを考えるきっかけになりました。普段の生活での自分のふるまいや行動が本当に正しいのかを考え、もっと多様性を受け入れるために自分にできることを探して行きたいと思いました。」

・〈参加生徒（高校2年生）〉

　「自分と異なった服装や肌の色、異なる言語を話す人たちに対し、理解を示す態度がとても大事になってくると感じました。自分の常識を相手に強要するのではなく、それを尊重して

相手を受け入れることが、この世界がもっと良くなるために重要なカギを握っていると感じました。The Crayon Box That Talked と The Man and the Eagle からたくさんのことを学ぶことができ、楽しい時間でした。全て英語で伝えるのはすごく大変でしたが、とても貴重な機会となりました。」

・〈参加生徒（高校 2 年生）〉

　「今日のワークショップで、改めて "多様性" とは一体何かという問いとその重要性を感じることができました。同じ日本人で学校にいると、表面的には多様でないと思い込むことがあるかも知れませんが、一人ひとりの持つ個性こそが多様性なのだと再度、実感しました。この 2 つのストーリーでも、外見だけで判断してしまっていることが多く、実際の中身に目を向けない人が多いと思います。今後の社会全体の globalization のためにも、外見でなく中身に目を向けて、それらの真の特徴を理解し、尊重することが大事であると思いました。今日の授業を受けて、多様性について discussion できたことをとても光栄に思います。」

・〈校長先生〉

　「今回のフロンティア・プロジェクト・チームと服部先生のコラボ授業について、自己評価アンケートの結果を見ても、生徒の反応は非常に良かったと思います。扱っているテーマ自体に深みがあり、ファシリテーション・スキルを持っている人が進行し、場の空気が作られ、英語を通じて考えを話し合い、それを整理して発表する。それによって、内容を学び、体験しつつ、共に考え、振り返りによって学んだ意味を知り、自分の変化を知る。そして、今後の学びに発展的に生かされていく。まさに探究的な学びで、楽しい授業でした。」

・〈フロンティア・プロジェクト担当顧問教諭〉

　「『自分とは異なる他者を理解・受容する』をテーマにしたモデル授業を実施するにあたり、服部先生は授業の意義や目的などを丁寧に説明して下さいました。Knowledge、Skills、Attitudes と Values のうち、日本の教科学習で抜け落ちがちな Attitudes と Values に特化したモデル授業を服部先生にして頂き、教員として多くの気づきがありました。英語による授業でしたが、グループの中で英語が得意な生徒とそうでない生徒を協力させながら、服部先生は生徒たちの意見を上手く引き出して下さり、参加した生徒一人ひとりが達成感を得た様子でした。今後のフロンティア・プロジェクトの授業でも、服部先生からのアドバイスを活かして大妻中野らしい探究学習のあり方を模索していきたいと思います。」

　このワークショップを実施するに当たり、大妻中野中学高等学校のフロンティア・プロジェクト事業における探求学習の視察を 2 回行った。さらにフロンティア・プロジェクト担当顧問教諭 2 名およびグローバル・センター長との綿密な打ち合わせを 4 回行った。フロンティア・プロジェクト・チームのメンバーの中には、IELTS 7.0 や英検 1 級を取得している海外帰国生がいる一方、英語をあまり得意としない生徒もいる。そこでグループ分けは顧問教諭が事前に行い、学年だけではなく英語力でも様々な生徒が 1 つのグループに含まれるようにした。

　大妻中野中学高等学校には帰国生クラス（グローバル・リーダーズ・コース）出身の卒業生が、チューターとして日頃から中学生や高校生の学習サポートをしている。そこでこのワークショップでは、グローバル・センター長に依頼をし、英語力の高い 5 名のチューター（早稲田大学生 3 名、上智大学生 1 名と東京理科大学生 1 名）に各グループに加わっていただき、活発

なグループ・ディスカッションが行われた。このワークショッ
プは公開授業であったため、大妻中野中学高等学校の教職員と
保護者以外に、ユネスコ・スクールの教員や（公財）海外子女
教育振興財団の講師や教育相談員をはじめ、様々な学校の教員
たちにも参観していただくことができた。

　本章では、グローバル人材育成に関する OECD の Education
2030 プロジェクトの動向、Council of Europe の RFCDC につい
ての考察を行った。そして RFCDC における Attitudes と Val-
ues を育成するための SGH ネットワーク校で実施したワーク
ショップの報告を行った。
　ワークショップ後の自己評価アンケートは、RFCDC の Atti-
tudes と Values 測定ツールから必要な項目を抜き出し、その邦
訳を使用した。第 8 章でも述べたとおり今後は RFCDC 指標の日
本の教育現場への文脈化をすすめ、SGH ネットワーク校や
WWL 拠点校をはじめ、我が国の多くの学校で使用できるように
する必要がある。

注）
1）コンピテンシーの概念が学校教育分野において明確に受容されたのは、
　　DeSeCo プロジェクトによるところが大きいといえる。DeSeCo プロジェク
　　トにおけるキー・コンピテンシーの概念枠組みは「相互作用的に道具を用
　　いる」、「自律的に活動する」、「異質な集団で交流をする」の 3 つであった
　　（Simone, Salganik, 2003）。
2）Education 2030 において、コンピテンシーに関する議論は、DeSeCo プロ
　　ジェクトで定義されたキー・コンピテンシーの内容を受け継ぎつつ、2030
　　年頃の時代背景に対応可能なものにするという具体的な時間軸の基に再設
　　定された。Education 2030 では、「現代の生徒が成長して、世界を切り開
　　いていくためには、どのような知識や、スキル、態度および価値が必要
　　か」、「学校や授業の仕組みが、これらの知識や、スキル、態度および価値

を効果的に育成していくことができるようにするためには、どのようにしたらよいか」という問いが掲げられた（OECD, 2018: 2; 文部科学省, 2018: 2）。これらの問いは、DeSeCo プロジェクトでの問いよりも、教育現場への還元を意識したものとなっている（雨宮・柄本, 2021）。

3) The Crayon Box That Talked と The Man and the Eagle の物語本文と質問は、Agricultural Research and Cooperative Extension, College of Agricultural Sciences, Pennsylvania State University の発行した *Diversity Discussion Starters*（https://www.mentoring.org/wp-content/uploads/2020/03/Diversity-Discussion-Starters.pdf）に掲載されているものを使用した。

4) Competences および Key Descriptor の邦訳は櫻井他（2021）に基づく。

あ と が き

　英語教育では、知識と技能を学習者が習得することが基本となる。認知心理学の専門用語では、知識は宣言的知識（declarative knowledge）と手続き的知識（procedural knowledge）に分けることができる。宣言的知識は事物や概念に関する知識で、言語化することができる。英語教育でいえば、英語では主語が3人称単数現在形のときsをつける等の文法規則のことである。これに対して手続き的知識とは、やり方に関する知識で、意識的に言語化して説明することは難しくても、それを用いて行動することができる知識である。英語教育でいえば、英語を話すときに三単現のsをつけられるようになることである。英語教育では宣言的知識を教えるだけでなく、それを手続的知識にするための言語活動を行う必要がある。知識を活用できるようにするための技能を習得することによってはじめて英語が使えるようになるからである。

　従来の英語教育では、知識を活用できるようにする段階で終わっており、学習者に汎用力を身につけさせるレベルまではいっていなかった。もともと、英語教育では汎用力習得までを目標にしていなかったので当然といえば当然である。しかしこれからの時代の英語教育は、この段階で止まっていてはいけない。

　汎用力は最近ではコンピテンシー（competency）とよばれることが多く、この力に関する研究は世界中で盛んに行われている。Council of Europe が発表した RFCDC におけるコンピテンシーである CDC については第8章で詳しく説明した。OECD は 2015 年に Education 2030 プロジェクトを立ち上げ、VUCA 時代（Volatility 変動性、Uncertainty 不確実性、Complexity 複雑性、Ambiguity 曖昧性）と呼ばれている予測困難な時代である 2030 年の世界を生き抜くために、子どもたちに必要な力は何かについ

て Learning Compass 2030 を発表している。このことについて
は第10章で取り上げた。アメリカでは ATC21s（Assessment
and Teaching of Twenty-First Century Skills Project）や P21
（Partnership for 21st Century Skills）などのプロジェクトが立
ち上げられ、コンピテンシーのことを21世紀型スキル（21st
Century Skills）とよんでいる。日本の国立教育政策研究所は21
世紀型能力という用語を使っている。心理学からのアプローチで
は、シカゴ大学の James J. Heckman が Non-cognitive skills や
Non-cognitive abilities という用語を使用しており、日本語では
非認知能力と訳されている。非認知能力とは、課題に対して、限
られた時間の中でできるだけ多く、より正確に物事を処理するこ
とができる心理的な機能である。

　グローバル化、情報化、流動化が進んだ後期近代社会で必要な
力を、京都大学の松下佳代は「新しい能力」と総称している。こ
のようにコンピテンシーの呼び方は様々だが、意味するところは
同じで全て汎用力のことである。学習指導要領も、これらの新し
い能力観に関する世界の動向を把握したうえで作成されている。

　汎用力のなかで、21世紀の教育にとても重要な力として4つ
のCをあげることができる。それらは Critical Thinking（批判
的思考）、Creativity（創造）、Communication（コミュニケー
ション）と Collaboration（協働）である。中でも、これからの
英語教育で欠かすことができないのが Critical Thinking と Cre-
ativity である。物事をクリティカルに捉え、論理的に思考する
力と、従来の枠組みにとらわれることなく、新しい視点から発想
するクリエイティブな力は汎用力に直結するからである。学習指
導要領における学力の3要素は、「知識・技能」、「思考力・判断
力・表現力」、「主体性を持って多様な人々と協働して学ぶ態度
（主体性・多様性・協働性）」であるが、Critical Thinking と

146

Creativity は「思考力・判断力・表現力」にあたる。

　Lorin W. Anderson と David R. Krathwohl によって修正された Benjamin Bloom の思考の分類を使うと、思考は LOTS（Lower-order Thinking Skills、低次思考力）と HOTS（Higher-order Thinking Skills、高次思考力）に分けることができる。このことについては CLIL との関連で、第4章で取り上げた。LOTS は記憶、理解、それを別な状況で使うという意味での応用などの思考を表し、HOTS は分析、評価、創造などの思考を表している。LOTS は正解がある思考の仕方で、従来の日本の英語教育では LOTS の段階止まりであった。最近のアメリカ、Council of Europe や OECD の考え方をみれば明らかなとおり、これからの時代を生き抜くためには HOTS が大切になる。HOTS は深い思考力を駆使するもので、必ずしも正解があるわけではない。これからの時代は、汎用力に結びつく HOTS を育成する英語教育を我が国で実践していく必要がある。

　私は日本の大学と大学院、アメリカの大学と大学院で、言語学、応用言語学、英語教育学、異文化間コミュニケーション等の分野での教授経験をとおして、日米両国の学生から多くのことを学ばせていただき、とても感謝している。日本とアメリカの学生を比較すると、能力的には大きな差はないと感じている。しかし、ことクリティカルシンキング、クリエイティブシンキングと課題発見・課題解決能力に関しては、残念ながらアメリカの学生の方が優れているといわざるを得ない。これは日本の将来を背負い、世界を舞台に活躍することが期待されている若者たちにとって、とても大きな問題であると考えている。世界の新しい教育の潮流に遅れることなく、点数化できない能力、これからの時代を生き抜くために必要な能力を日本の若者たちに身につけさせるための教育が必要である。別の言い方をすれば、AI にはできない

能力を若者には習得してもらわなければならない。それができなければ、AIのために人間の生活に大きな変化が起こると言われている20数年後に訪れることが予測されるシンギュラリティ（技術的特異点）以降の時代を生き抜くのは困難となる。英語教育においても、これからはCLILをはじめとした教授法を使いながら、汎用力を育成する教育に貢献していく必要があるといえる。

　本書を執筆するにあたっては、主に英語教育学や応用言語学に関する世界中の多くの研究者や実践者の優れた論文、実践報告や著作を参考にさせていただいた。引用した文献については、巻末に各章ごとに分け、全て記載させていただいたが、これら以外でも国際学会研究大会での研究発表資料や口頭発表時の討論等で得た知識も参考にさせていただいた。世界中の多くの学問分野の優れた研究者とのクリティカルでクリエイティブな議論から得るものは多いと常に感じている。

　最後になるが、本書の出版にあたっては、東洋大学教授の中川利香博士、東海大学教授の松本佳穂子博士をはじめ、多くの方々のご支援をいただいた。特にアイワードの馬場康広氏には、丁寧な編集作業をしていただき、感謝を申し上げる。また本書はJSPS科研費JP21K00768、JP21H00547、及び大妻女子大学共同研究プロジェクト（K2212）の研究助成をうけた。ここに記してお礼を申し上げる。

2022年10月
アメリカ合衆国　ネバダ州　ラスベガス
ネバダ大学ラスベガス校にて

　　　　　　　　　　　　　　　　　服部孝彦

参 考 文 献

第 1 章

Borg, S. (2010). Language teaching research engagement. *Language Teaching, 43*, 391-429.

藤田卓郎（2016）.「研究課題とデータ」『初めての英語教育研究：押さえておきたいコツとポイント』(pp.62-88) 東京：研究社.

藤田卓郎・河合創・酒井英樹・清水公男・高木亜希子・滝沢雄一・田中武夫・永倉由里・宮崎直哉・山岸律子・吉田悠一（2016）.「中部地区英語教育学会紀要における実践研究の分析：研究方法の観点から」『中部地区英語教育学会紀要』第 45 巻, 281-288.

林和弘（2013）.「研究論文の影響度を測定する新しい動き：論文単位で即時かつ多面的な測定を可能とする Altmetrics」『科学技術動向』3-4 月号. 20-28.

細川英雄（2014）.「今なぜ実践研究なのか：言葉の教育の課題と展望」細川英雄・三代純平（編）『実践研究は何を目指すか：日本語教育における実践研究の意味と可能性』(pp.1-19) 東京：ココ出版.

市嶋典子（2009）.「日本語教育における実践研究論文の質的変化：学会誌『日本語教育』を手がかりに」『国立国語研究所日本語教育論集』第 25 号, 3-17.

稲葉振一郎（2009）.『社会学入門：「多元化する時代」をどう捉えるか』東京：日本放送出版協会.

逸村裕・池内有為（2013）.「インパクトファクターの功罪：科学者社会に与えた影響とそこから生まれた歪み」『月刊化学』68 巻 12 号. 32-36.

関西学院大学大学院文学研究科（2020）.「修士論文審査基準」. https://www.kwansei.ac.jp/s_humanities/s_humanities_005465.html, accessed 12 July 2020.

川崎剛（2010）.『社会科学系のための「優秀論文」作成術：プロの学術論文から卒論まで』東京：勁草書房.

King, G., Keohane, R. O., & Verba, S. (1994). *Designing social inquiry: Science inference in qualitative research*. Princeton: Princeton University Press.

中村高康（2007）.「混合研究法」. 小泉潤二・清水宏吉（編）『実践研究のすすめ：人間科学のリアリティ』(pp.233-247) 東京：有斐閣.

Nunan, D. (1992). *Research methods in language learning*. Cambridge: Cambridge University Press.

Richards, L. & Morse, M. J. (2012). *README FIRST for user's guide to qualitative methods, Third edition.* Thousand Oaks, CA: SAGE Publications.

酒井英樹（2016）．「研究成果の公表方法」浦野他『初めての英語教育研究：押さえておきたいコツとポイント』（pp.178-204）東京：研究社.

Seliger, H. W., & Shohamy, E. (1989). *Second language research methods.* Oxford: Oxford University Press.

田中武夫（2016）．「質的研究の進め方」浦野他『初めての英語教育研究：押さえておきたいコツとポイント』（pp.34-60）東京：研究社.

田中武夫・高木亜希子・藤田卓郎・滝沢雄一・酒井英樹（編著）（2019）．『英語教師のための「実践研究」ガイドブック』東京：大修館書店.

高木亜希子（2011）．「質的研究デザインの方法」『第41回中部地区英語教育学会福井大会英語教育法セミナー口頭発表資料』.

高木亜希子（2016）．「先行研究の探し方」浦野他『初めての英語教育研究：押さえておきたいコツとポイント』（pp.90-135）東京：研究社.

浦野研（2016）．「研究とは」浦野他『初めての英語教育研究：押さえておきたいコツとポイント』（pp.1-13）東京：研究社.

亘理陽一（2016）．「研究テーマの決め方」浦野他『初めての英語教育研究：押さえておきたいコツとポイント』（pp.16-31）東京：研究社.

第2章

Al-Hoorie, A. H., Macintyre, P. D. (Eds.). (2019). *Contemporary language motivation theory: 60 years since Gardner and Lambert (1959).* Bristol UK: Multilingual Matters Ltd.

Au, S. Y. (1988). A critical appraisal of Gardner's social-psychological theory of second language learning. *Language Learning, 38,* 75-100.

馬場今日子・新多了（2016）．『はじめての第二言語習得論講義：英語学習への複眼的アプローチ』東京：大修館書店.

Baker, S. C., & MacIntyre, P. D. (2000). The role of gender and immersion in communication and second language orientations. *Language Learning, 50,* 311-341.

Burgoon, J. (1976). The unwillingness to communicate scale: Development and validation. *Communication Monographs, 43,* 60-69.

Cheng, H. & Dörnyei, Z. (2007). The use of motivational strategies in language instruction: The case of EFL teaching in Taiwan. *Innovation in language learning and teaching*, 1 (1), 153–174.

Crookes, G. & Schmidt, R. W. (1991). Motivation: Reopening the research agenda. *Language Learning*, 41, 469–512.

Csizér, K. & Dörnyei, Z. (2005). The internal structure of language learning motivation and its relationship with language choice and learning effort. *The Modern Language Journal*, 89, 19–36.

Csizér, K. & Kormos, J. (2009). Learning experiences, selves and motivated learning behavior: A comparative analysis of structural models for Hungarian secondary and university learners of English. In Z. Dörnyei & E. Ushioda (Eds), *Motivation, language identity and the L2 self* (pp. 98–119). Bristol: Multilingual Matters.

Deci, E. L. (1975). *Intrinsic motivation*. New York: Plenum Press.

Deci, E. L., & Ryan, R. M. (1985). *Intrinsic motivation and self-determination in human behavior*. Dordrecht: Springer.

Deci, E. L., & Ryan, R. M. (2002). *Handbook of self-determination research*. Rochester, NY: The University of Rochester Press.

Dörnyei, Z. (1999). Motivation. In B. Spolsky (Ed.), *Concise encyclopedia of educational linguistics* (pp. 525–532). Oxford: Pergamon Press.

Dörnyei, Z. (2001). *Motivational strategies in the language classroom*. Cambridge: Cambridge University Press.

Dörnyei, Z. (2005). *The psychology of the language learner: Individual differences in second language acquisition*. Mahwah, NJ: Lawrence Erlbaum Associate.

Dörnyei, Z. & Csizér, I. (1998). Ten comments for motivating language learners: Results of an empirical study. *Language Teaching Research*, 2, 203–229.

Dörnyei, Z. & Ottó, I. (1998). Motivation in action: A process model of L2 motivation. *Working Papers in Applied Linguistics*, 4, 43–69.

Dörnyei, Z., & Schmidt, R. (Eds.). (2001). *Motivation and second language acquisition*. University of Hawaii, Manoa: Second Language Teaching and Curriculum Center.

Dörnyei, Z. & Ushioda, E. (Eds.). (2009). *Motivation, language identity and the L2 self*. Bristol: Multilingual Matters.

Dörnyei, Z. & Ushioda, E. (2010). *Teaching and researching motivation, Second edition*. Harlow: Pearson Education.

Dörnyei, Z., Henry, A., & Muir, C. (2016). *Motivational currents in language learn-*

ing. New York: Routledge.

Ellis, R. (1994). *The study of second language acquisition.* Oxford: Oxford University Press.

Ellis, R. (1997). *Second language acquisition.* Oxford: Oxford University Press

Ellis, R. (2008). *The study of second language acquisition, Second edition.* Oxford: Oxford University Press.

Ellis, R. (2015). *Understanding second language acquisition, Second edition.* Oxford: Oxford University Press.

Falout, J., Elwood, J., & Hood, M. (2009). Demotivation: Affective states and learning outcomes. *System*, 37, 403-417.

Gardner, R. C. (1985). *Social psychology and second language learning: The role of attitudes and motivation.* London: Edward Arnold.

Gardner, R. C., & Lambert, W. E. (1972). *Attitude and motivation in second language learning.* Rowley, MA: Newbury House.

Guilloteaux, M, & Dörnyei, Z. (2008). Motivating language learners: A classroom-oriented investigation of the effects of motivational strategies on student motivation. *TESOL Quarterly*, 42 (1), 55-77.

Hiver, P., & Al-Hoorie, A. H. (2019). *Research methods for complexity theory in applied linguistics.* Bristol UK: Multilingual Matters Ltd.

廣森友人 (2010).「動機づけ研究の観点から見た効果的な英語指導法」小嶋英夫・尾関直子・廣森友人 (編)『成長する英語学習者：学習者要因と自立学習』(pp.47-74) 東京：大修館書店.

廣森友人 (2015).『英語学習のメカニズム：第二言語習得研究にもとづく効果的な勉強法』東京：大修館書店.

廣森友人・田中博晃 (2006).「英語学習における動機づけを高める授業実践：自己決定理論の視点から」『外国語教育メディア学会機関誌』43, 111-126.

市川伸一 (2011).『学習と教育の心理学 (増補版)』東京：岩波書店.

伊田勝憲 (2015).「疑似内発動機づけの概念化可能性を探る：自律的動機づけ形成のデュアルプロセスモデル」『静岡大学教育学部研究報告：人文・社会・自然科学篇』65, 静岡大学, 139-150.

JACET SLA 研究会 (編) (2013).『第二言語習得と英語科教育法』東京：開拓社.

鹿毛雅治 (2013).『学習意欲の理論．動機づけの教育心理学』東京：金子書房.

Kikuchi, K. (2009). Listening to our learners' voices: What demotivates Japanese high schools? *Language Learning Research*, 13, 453-471.

Kikuchi, K. (2013). Demotivators in Japanese EFL context. In M. Apple, D. Silva, & T. Fellner (Eds.), *Language learning motivation in Japan* (pp. 206–224). Bristol, UK: Multilingual Matters.

Kikuchi, K. (2015). *Demotivation in second language acquisition: Insights from Japan*. Bristol, UK: Multilingual Matters.

菊池恵太・酒井英樹（2016）.「英語学習動機の変化に影響を及ぼす要因：動機高揚経験及び衰退経験の内容分析」*JALT Journal*, 38, 119-147.

Kim, Y. & Kim, T. (2013). English learning demotivation studies in the EFL contexts: State of the art. *Modern English Education*, 14, 77-102.

小林由子（2016）.「JFL日本語学習における「内発的動機づけ」の再検討」『北海道大学国際教育研究センター紀要』27，北海道大学，157-172.

小林由子（2018）.「JFL環境における日本語学習者を対象とした内発的動機づけ研究の可能性：香港における日本のポピュラーカルチャーをきっかけとする学習者の検討から」『国際広報メディア・観光学ジャーナル』27，北海道大学，157-172.

小西正恵（1994）.「第二言語習得における学習者要因」SLA研究会（編）『第二言語習得に基づく最新の英語教育』（pp.127-146）東京：大修館書店.

小柳かおる（2013）.『日本人教師のための新しい言語習得概論』（pp.127-146）東京：スリーエーネットワーク.

Larsen-Freemen, D. & Long, M. H. (1991). Explanation for differential success among second language learners. In D. Larsen-Freemen & M. H. Long (Eds.), *An introduction to second language acquisition research* (pp. 152-209). London: Longman.

Li, N. (2006). Researching and experiencing motivation: A plea for "balanced research". *Language Teaching Research*, 10, 437–456.

Lukmani, Y. M. (1972). Motivation to learn and language proficiency. *Language Learning*, 22, 261-273.

MacIntyre, P. D. (1994). Variables underlying willingness to communicate: A cause analysis. *Communication Research Reports*, 11, 135-142.

MacIntyre, P. D., & Charos, C. (1996). Personality, attitudes, and affects as predictors of second language communication. *Journal of Language and Social Psychology*, 15, 3-26.

MacIntyre, P. D., & Legatto, J. J. (2010). A dynamic system approach to willingness to communicate: Developing an idiodynamic method to capture rapidly changing affect. *Applied Linguistics, 32* (2), 149-171.

MacIntyre, P. D., Clément, R., Dornyei, Z., & Noels, K. A. (1998). Conceptualizing willingness to communicate in a L2: A situated model of confidence and affiliation. *The Modern Language Journal. 82*, 545-564.

McCroskey, J. C., & Richmond, V. P. (1991). Willingness to communicate: A cognitive view. In M. Booth-Butterfield (Ed.), *Communication, cognition and anxiety* (pp. 19-37). Thousand Oaks, CA: Sage.

守谷智美（2002）.「第二言語教育における動機づけの研究動向：第二言語としての日本語の動機づけ研究を焦点として」『言語文化と日本語教育：第二言語習得・教育の最前線』増刊特別号，お茶の水女子大学日本言語文化学研究会，313-329.

村野井仁（2006）.『第二言語習得研究から見た効果的な英語学習法・指導法』東京：大修館書店.

Nakamura, T. (2019). *Language acquisition and the multilingual ideal: Exploring Japanese language learning motivation.* London: Bloomsbury Academic.

Nakata, Y. (1995). New goals for Japanese learners of English. *The Language Teacher, 19*, 17-20.

Nakata, Y. (2006). *Motivation and experience in foreign language learning.* Oxford: Peter Lang.

Nakata, Y. (2009). Intrinsic motivation in the EFL school context: A retrospective study of English learning experience in Japanese elementary schools. *The Journal of Asia TEFL, 6*, 263-291.

Nakata, Y. (2010). Towards a framework for self-regulated language learning. TESL Canada Journal, *Perspective, 27*, 1-10.

中田賀之（2011）.「学習者要因：動機づけ」佐野富士子・岡秀夫・遊佐典昭・金子朝子（編）『英語教育体系　第5巻　第二言語習得：SLA 研究と外国語教育』（pp.189-200）東京：大修館書店

Noels, K. A. (2001). New orientation in language learning motivation: Towards a model of intrinsic, extrinsic, and integrative orientations and motivation. In Z. Dörnyei & R. Schmidt (Eds.), *Motivation and second language acquisition* (pp. 43-68). Honolulu, HI: University of Hawaii Press.

Noels, K. A., Pelletier, L. G., Clément, R., & Vallerland, R. J. (2000). Why are you learning a second language? Motivational orientation and self-determination theory. *Language Learning, 50*, 57-85.

Norton, B. (1995). Social identity, investment, and language learning. *TESOL Quarterly*, 29, 9–28.

Oxford, R. (Ed.). (1996). *Language learning motivation: Pathway to the new century*. University of Hawaii, Manoa: Second Language Teaching and Curriculum Center.

Oxford, R. (2011). *Teaching and researching language learning strategies*. London: Pearson.

Sakai, H. & Kikuchi, K. (2008). An analysis of demotivators in the EFL classroom. *System*, 37, 57–69.

Shrum. J. L. & Glisan, E. W. (2020). *Teacher's handbook: Contextualized language instruction, 5th Edition*. Boston, MA: Heinle Cengage Learning.

Skehan, P. (1989). *Individual differences in second-language learning*. London: Edward Arnold.

住吉香織（2014).「Motivational strategies と生徒の英語学習意欲：学習者はどのような指導を動機づけに効果的と考えるか」『國學院大学教育開発推進機構紀要』5, 國學院大学, 37-52.

竹内理（2010).「学習者の研究からわかること：個別から統合へ」小嶋英夫・尾関直子・廣森友人（編）『成長する英語学習者：学習者要因と自立学習』（pp.3-20）東京：大修館書店.

瀧沢絵里（2012).上淵寿（編著）『キーワード動機づけ心理学』東京：有斐閣.

Tsuchiya, M. (2006). Profiling of lower achievement English learners at college in terms of demotivation factors. *Annual Review of English Language Education in Japan (ARELE)*, 17, 171–180.

上淵寿（編）（2004).『動機付け研究の最前線』京都：北大路書房.

Ushioda, E. (2001). Language learning at university: Exploring the role of motivational thinking. In Z. Dörnyei & R. Schmidt (Eds.), *Motivation and second language acquisition* (pp. 461–492). University of Hawaii, Manoa: Second Language Teaching and Curriculum Center.

Ushioda, E. (2008). Motivation and good language learner. In C. Griffiths (Ed.), *Lessons from Good Language Learner* (pp. 19–342). Cambridge, Cambridge University Press.

Vallerand, R. J. (1997). Toward a hierarchical model of intrinsic and extrinsic motivation. *Advances in Experimental Social Psychology*, 29, 271–360.

Van Els, T. J. M., Bongaerts, T., Extra, G., Van Os, C., & Dietem, A. J. (Eds.),

(1984). *Applied linguistics and the learning and teaching of foreign language.* London: Edward Arnold.

Williams, M., & Burden, R. L. (1997). *Psychology for language teachers.* Cambridge: Cambridge University Press.

Williams, M., & Burden, R. L. (1999). Students' developing conceptions of themselves as language learners. *The Modern Language Journal*, 83, 193-201.

Williams, M., Burden, R. L., Poulet, G., & Maun, I. (2004). Learner's perceptions of their success and failures in foreign language learning. *Language Learning Journal*, 30, 19-29.

Yashima, T. (2002). Willingness to communicate in a second language: The Japanese EFL context. *The Modern Language Journal*, 86, 5-66.

Yashima, T., Zenuk-Nishide, L., & Shimizu, K. (2004). Influence of attitudes and affect on willingness to communicate and L2 communication. *Language Learning*, 54, 119-152.

吉田国子 (2009).「語学学習における動機づけに関する一考察」『武蔵工業大学環境情報学部紀要』10, 武蔵工業大学, 108-113.

第 3 章

Bunderson, C. V., Inouye, D. K., & Olsen, J. B. (1989). The four generations of computerized educational measurement. In R. L. Linn (Ed.), *The American Council on Education/Macmillan series on higher education: Educational measurement.* Macmillan Publishing Co, Inc; American Council on Education, 367-407.

Council of Europe. (2001). *Common European Framework of Reference for Languages: learning, teaching, assessment.* Cambridge: Cambridge University Press.

Council of Europe. (2009). *Relating language examinations to the CEFR: Manual.* http://www.coe.int/t/dg4/linguistic/Source/ManualRevision-proofread-FINAL_en.pdf, accessed 31 July 2021.

井洋二郎 (2003).「『経営英語』の必要性について：経営学部専門課程の英語教育プログラムを考える」『人文科学論集』48/49, 31-52.

池田るり子 (2012).「英語能力判定テストによる英語力分析と英語苦手学生への方向性：自由が丘産能短期大学での英語再学習プログラムへの活用」『自由が丘産能短期大学紀要』44, 127-141.

石井和久（2008）.「平成19年度／2007年度英語プレイスメントテスト結果の分析」『福岡大学言語教育研究センター紀要』7，23-35.

小山由紀江（2010）.「テストの歴史的変遷とコンピュータ適応型テストの意義」『名古屋工業大学共通教育　New Directions』28，13-26.

水本篤（2016）.「コンピュータ適応型語彙テストの開発と有用性の検証：オープンソースプラットフォームConcertoを利用して」石川慎一郎・清水裕子・田畑智司・長加奈子・前田忠彦（編著）『言語研究と量的アプローチ』1-11．金星堂.

中村洋一（2007a）.『現場の教師のためのテスティング・評価用語100』英語運用能力評価協会.

中村洋一（2007b）.『言語テストの基本的な考え方』英語運用能力評価協会.

中村洋一（2011）.「コンピュータ適応型テストの可能性」『日本語教育』148，日本語教育学会．72-83.

西出崇（2019）.「外国語科目における習熟度別クラス編成方法の課題と改善：技能別習熟度を考慮したクラス編成の提案」『第8回大学情報・機関調査研究集会論文集』44-49.

小笠原真司（2011）「英語習熟度別クラスの効果とG-TELPによる成績分析：工学部総合英語Ⅲのデータを中心に」『長崎大学　大学教育機能開発センター紀要』2，9-19.

岡田圭子（2014）.「大規模英語プログラム運営におけるデータ活用と課題」『京都大学高等教育研究』20，73-80.

岡村光浩（2010）.「初年次教育・基礎教育についての一考察：神戸芸術工科大学における英語教育を中心に」『芸術工学2010』.

Olsen, J. B. (1990). The four generations of computerized testing: Toward increased use of AI and expert systems. *Education Technology,* Vol. 30, No. 3, Educational Technology Publications, Inc: Englewood Chiffs, NJ.

大谷麻美・横山仁視・キム ブラッドフォード ワッツ（2014）.「プレイスメントテストによる習熟度別クラス編成に関する報告書：全学共通言語コミュニケーション科目の英語における事例」『京都女子大学人文論叢』62，27-50.

関昭典（2010）.「東京経済大学3学部英語プログラムに関する考察：発展英語教育の更なる進化を目指して」『東京経済大学人文自然科学論集』129，73-105.

清水裕子（1998）.「英語プログラムとプレイスメントテスト：2種のテスト結果の分析をもとに」『立命館経済学』47，535-550.

隅田朗彦・小林和歌子・ティモシー グティエレズ（2015）.「英語習熟度テストに みられる大学1年生の英語力の推移」『日本大学文理学部人文科学研究所紀 要』90，131-143.

田原良子・堀江美智代・竹内光悦（2001）「習熟度別クラス編成に関する考察 (1)」『鹿児島純心女子短期大学研究紀要』31，215-244

勅使河原三保子・上田倫史・林明人（2013）.「英語習熟度別クラス編成開始に向 けての学内英語レベルの調査 (1)」『駒澤大学総合教育研究部紀要』7， 549-562.

高橋寿夫（1999）.「外国語科目『英語』の改善に向けて：習熟度別クラス編成に ついて」『關西大學文學論集』49（4），143-162.

高橋貞雄・小田眞幸・鈴木彩子・松本博文・TOH Glenn・日臺滋之・榎本正嗣・ 丹治めぐみ（2010）.「玉川大学EFLプログラム導入に向けた基礎的研究」 『玉川大学文学部紀要』52，97-118.

竹内理・水本篤（編著）（2012）.『外国語教育研究ハンドブック：研究手法のより 良い理解のために』東京：松柏社.

Thompson, N., & Weiss, D. (2011). *A framework for the development of computerized adaptive tests. Practical Assessment, Research & Evaluation.* 16, 1-9. http://www.pareonline.net/pdf/v16n1.pd, accessed 12 June 2021.

土平泰子・熊澤孝昭（2003）.「英語教育改革プロジェクトにおけるプレイスメン トテストに関する考察」『茨城大学人文科学部紀要：コミュニケーション学 科論集』13，23-46.

吉田弘子（2009）「英語プレイスメントテスト分析：言語テストの観点から」『大 阪経大論集』60（2），93-103.

第4章

Anderson, L. & Krathwohl, D. (Eds.) (2001). *A Taxonomy for Learning, Teaching, and Assessing: A Revision of Bloom's Taxonomy of Educational Objectives.* New York: Longman.

Atkinson, D. (2011). A Sociocognitive approach to second language acquisition. *Alternative Approaches to Second Language Acquisition.* Abingdon, UK: Routledge.

Bentley, K. (2010). *The TKT course CLIL module.* Cambridge: Cambridge University Press.

Bloom, B. S., Engelhart, M. D., Furst, E. J., Hill, W. H., & Krathwohl, D. R. (1956).

Taxonomy of educational objectives: The classification of educational goals. Handbook I: Cognitive domain. New York: David McKay Company.

Brewster, J., Ellis, G., & Girard, D. (2002). *The primary English teacher's guide*. London: Penguin.

Brinton, D. M., Snow, M. A., & Wesche, M. B. (1989). *Content-based second language instruction*. New York: Newbury House.

Brown, K., & Brown, M. (1996). *New contexts for modern language learning*. Pathfinder Series for Language Teachers No 27: CILT.

Brown, H., & Bradford, A. (2017). EMI, CLIL, & CBI: Differing approaches and goals. In P. Clements, A. Krause, & H. Brown (Eds.), *Transformation in language education* (pp.328–334). Tokyo: JALT.

Cenoz, J. (2014). Content-based instruction and content and language integrated learning: the same or different?. *Language Culture and Curriculum*, 28 (1), 8–24.

Coyle, D. (2007). Content and language integrated learning: Towards a connected research agenda for CLIL pedagogies. *The International Journal of Bilingual Education and Bilingualism*, 10, 543–562.

Coyle, D., Hood, P., & Marsh, D. (2010). *Content and Language Integrated Learning*. Cambridge: Cambridge University Press.

Dalton-Puffer, C., Llinares, A., Lorenzo, F., & Nikula, T. (2014). "You Can Stand Under My Umbrella": Immersion, CLIL and Bilingual Education. A Response to Cenoz, Genesee & Gorter (2013). *Applied Linguistics*, 35(2): 213–218. DOI:10.1093/applin/amu010

Dearden, J. (2015). *English as a medium of instruction: A growing global phenomenon*. London: British Council. https://www.britishcouncil.es/sites/default/files/british_council_english_as_a_medium_of_instruction.pdf

半沢蛍子（2017）.「CBI／CLIL／EMI の再定義」早稲田大学教育総合研究所（監修）『英語で教科内容や専門を学ぶ：内容重視指導（CBI）、内容言語統合学習（CLIL）と英語による専門科目の指導（EMI）の視点から』(pp.31-45) 東京：学文社.

Hellekjaer, G. O. (2010). Lecture Comprehension in English-Medium Higher Education. *HERMES - Journal of Language and Communication Studies*, 45, 11–34.

池田真（2011）.「CLIL の基本原理」渡部良典・池田真・和泉伸一（共著）『CLIL

（内容言語統合型学習）上智大学外国語教育の新たなる挑戦　第1巻　原理と方法』（pp.1-13）東京：上智大学出版.

池田真（2017).「言語能力から汎用能力へ：CLILによるコンピテンシーの育成」早稲田大学教育総合研究所（監修）『英語で教科内容や専門を学ぶ：内容重視指導（CBI）、内容言語統合学習（CLIL）と英語による専門科目の指導（EMI）の視点から』（pp.5-30）東京：学文社.

和泉伸一（2011).「第2言語習得研究からみたCLILの指導原理と実践」渡部良典・池田真・和泉伸一（共著）『CLIL（内容言語統合型学習）上智大学外国語教育の新たなる挑戦　第1巻　原理と方法』（pp.31-72）東京：上智大学出版.

和泉伸一（2016).『フォーカス・オン・フォームとCLILの英語授業』東京：アルク.

和泉伸一（2019).「英語で教える英語授業のあり方：CLILアプローチのすすめ」『LET Kyushu-Okinawa Bulletin（外国語教育メディア学会　九州・沖縄支部）』19，1-17.

小坂貴志・小坂洋子（2005).『アメリカの小学校教科書で英語を学ぶ』東京：ベレ出版.

Lasagabaster, D. & Sierra, M. (2010). Immersion and CLIL in English: more differences than similarities. *ELT Journal*, 64 (4), 367-375.

Lyster, R. & Ballinger, S. (2011). Content-based language teaching: Convergent concerns across divergent contexts. *Language Teaching Research*, 15 (3), 279-288.

MacGregor, L. (2016). CLIL Focus: An Interview with Professor Makoto Ikeda. *The Language Teacher*, 40 (1), 18-21.

Marsh, D. (2002). *Content and Language Integrated Learning: The European Dimension - Actions, Trends and Foresight Potential*. DG Education & Culture, European Commission.

Mehisto, P., Marsh, D., & Frigols, M. (2008). *Uncovering CLIL: Content and Language Integrated Learning in Bilingual and Multilingual Education*. Oxford: Macmillan.

Mehisto, P. & Ting, Y. L. T. (2017). *CLIL Essentials*. Cambridge Assessment International Education.

茂木淳子（2013).「CLIL（内容言語統合型学習）的外国語活動の実践とその効果」『教育実践研究』23，13-18.

二五義博（2013）.「算数の計算を活用した教科横断型の英語指導：小学校高学年児童を対象とした英語の数の学習を事例として」『小学校英語教育学会誌』13，84-99.

二五義博（2014）.「CLIL を応用した二刀流英語指導法の可能性：小学校高学年児童に社会科内容を取り入れた指導を通して」『小学校英語教育学会誌』14（1），66-81.

二五義博（2021）.「CLIL の思考を重視した小学校 6 年生の英語科授業：歴史上の人物の内容を活用して」『中国地区英語教育学会誌』51，79-90.

Nikula, T., Dalton-Puffer, C., & Llinares, A. (2013). CLIL Classroom Discourse: Research from Europe. *Journal of Immersion and Content-Based Language Education*, 1 (1), 70-100.

奥野由紀子・小林明子・佐藤礼子・元田静・渡部倫子（2018）.『日本語教師のための CLIL（内容言語統合型学習）入門』東京：凡人社.

太田圭・長瀬慶來（2018）.「Partial CLIL と小学校外国語活動：小学校 5 年生の家庭科実践の分析から」『教育実践学研究 山梨大学教育学部附属教育実践総合センター研究紀要』23，283-294.

Piaget, J. (1959). *The language and thought of the child*. London: Routledge and Kegan Paul Ltd.

Piaget, J. (1972). *The principles of genetic epistemology*. New York: Basic Books.

Ruiz de Zarobe, Y. (2008). CLIL and foreign language learning: A longitudinal study in the Basque country. *International CLIL Research Journal*, 1 (1), 60-73.

http://www.icrj.eu/11/article5.html

Ruiz de Zarobe, Y. & Jiménez Catalán, R. (Eds). (2009). *Content and Language Integrated Learning: Evidence from Research in Europe*. Bristol: Multilingual Matters.

Ruiz de Zarobe, Y. (2016). CLIL implementation: From policy-makers to individual initiatives. In Ruiz deZarobe, Y. (Ed.), *Content and language integrated learning: Language policy and pedagogical practice* (pp. 1-13). London: Routledge.

笹島茂（2011）.『CLIL 新しい発想の授業』東京：三修社.

笹島茂・山野有紀（2019）.『学びをつなぐ小学校外国語教育の CLIL 実践』東京：三修社.

笹島茂（2020）.『教育としての CLIL』東京：三修社.

161

鈴木栄・白井龍馬（2021）.「CLIL の可能性について：深い学びに繋がる英語教育」
『東京女子大学紀要「論集」』72（1），35-66.

Takano, N., Kambara, J., Kedoin, E., & Suzuki, Y. (2016). CBI/CLIL for elementary
school English: Benefits and tips., In P. Clements, A. Krause, & H. Brown
(Eds.), *Focus on the learner* (pp.107-113). Tokyo: JALT.

宇土泰寛（2018）.「CLIL の視点を活かした小学校外国語教育と社会科の学習知の
融合：社会科での地球的課題の学習知を活かした英語教材の開発」『椙山女
学園大学教育学部紀要』11，135-146.

Unterberger, B., & Wilhelmer. N. (2011). English-medium education in economics
and business studies: Capturing the status quo at Austrian universities.
ITL - International Journal of Applied Linguistics, 161, 90-110.

Vigotsky, L. S. (1978). *Mind inociety: The development of higher psychological pro-
cesses*. Cambridge, MA: Harvard University Press.

Widdowson, H. G. (1978). *Teaching language as communication*. Oxford: Oxford
University Press.

Wood, D., Bruner, J., & Ross, G. (1976). The role of tutoring in problem solving.
Journal of Child Psychology and Child Psychiatry, 17, 89-100.

山野有紀（2013）.「小学校外国語活動における内容言語統合型学習（CLIL）の実
践と可能性」『英検研究助成報告』25，94-126.

湯川笑子・バトラー後藤裕子（2021）.「CLIL 再考」『立命館教職教育研究』8，
1-10.

第 5 章

Aida, Y. (1994). Examination of Horwitz, Horwitz and Cope's construct of foreign
language anxiety: The case of students of Japanese. *Modern Language
Journal*. 78, 2, 155-168.

Alrabai, F. (2014a). *Reducing language anxiety and promoting learner motivation:
A practical guide for teachers of English as a foreign language*. Milton
Keynes, UK: Lulu.

Alrabai, F. (2014b). A model of foreign language anxiety in the Saudi EFL con-
text. *English Language Teaching*. 7 (7), 82-101.

Bailey, K. M. (1983). Competitiveness and anxiety in adult second language learn-
ing: Looking at and through the diary studies. In H. W. Seliger & M. H.
Long (Eds.), *Classroom oriented research in second language acquisition* (pp.

67–102). Rowley, MA: Newbury House.

Chan, T. Y., & Wu, G. (2004). A study of foreign language anxiety of EFL elementary school students in Taipei county. *Journal of National Taipei Teachers College*. 17, 287–320.

Cheng, Y. S., Horwitz, E. K., & Schallert, D. L. (1999). Language anxiety: Differentiating writing and speaking components. *Language Learning*. 49 (3), 417–446.

Clément, R., Dörnyei, Z., & Noels, K. A. (1994). Motivation, self-confidence, and group cohesion in the foreign language classroom. *Language Learning*. 44 (3), 417–448.

Ely, C. M. (1986). An analysis of discomfort, risk-taking, sociability, and motivation in the L2 classroom. *Language Learning*. 36 (1), 1–25

Fujii, S. (2015). A conceptualization of strategies for reducing students' language anxiety. *HELES Journal*. 15, 3–19.

Fujii, S. (2017). *An investigation into the effectiveness of strategies for reducing student language anxiety*. Doctoral Dissertation, Hokkaido University, Graduate School of International Media, Communication, and Tourism Studies.

Fujii, S. (2018). Towards the alleviation of language anxiety: A mixed method study. *The Proceedings of 2018 International Conference on Applied Linguistics & Language Teaching*.

藤井聡美（2020）．「英語学習者が抱える授業内言語不安の解消に向けて：混合研究を通した考察」『JACET 北海道支部紀要』16, 57–81.

Gregersen, T., & Horwitz, E. K. (2002). Language learning and perfectionism: Anxious and non-anxious language learners' reactions to their own oral performance. *The Modern Language Journal*. 86 (4), 562–570.

北條礼子（1992）．「外国語（英語）学習に対する学生の不安に関する研究（1）」『上越教育大学紀要』12, 53–64.

Horwitz, E. K. (2017). On the misreading of Horwitz, Horwitz and Cope (1986) and the need to balance anxiety research and the experiences of anxious language learners. In C. Gkonou, M. Daubney, & J-M. Dewaele (Eds.), *New insights into language anxiety: Theory, research and educational implications* (pp. 31–47). Bristol, UK: Multilingual Matters.

Horwitz, E. K., Horwitz, M. B., & Cope, J. (1986). Foreign language classroom anxiety. *Modern Language Journal*. 70, 125–132.

Ibusuki, K. (2000). Foreign language classroom anxiety among Japanese junior and senior high school English students. *Nanzan Studies in English Language Education.* 7, 1-36.

飯村文香 (2016). 「日本人英語学習者のプレゼンテーションと不安：プレゼンテーションコンテストの効果」『関東甲信越英語教育学会誌』33, 71-84.

海野多枝・邱顯峻 (2020). 「遠隔外国語学習における第二言語不安：台湾の仮想教室型授業を対象に」『日本研究教育年報』24, 75-89.

近藤真治・楊瑛玲 (2003). 「大学生を対象とした英語授業不安尺度の作成とその検討」*JALT Journal.* 25 (2), 187-196.

Krashen, S. D. (1982). *Principles and practice in second language acquisition.* Oxford: Pergamon

MacIntyre, P. D. (1999). Language anxiety: A review of the research for language teachers. In D. J. Young (Ed.), *Affect in foreign language and second language learning.* A practical guide to creating a low-anxiety classroom atmosphere (pp. 24-45). Boston: McGraw-Hill.

MacIntyre, P. D. (2017). An overview of language anxiety research and trends in its development. In C. Gkonou, M. Daubney, & J-M. Dewaele (Eds.), *New insights into language anxiety: Theory, research and educational implications* (pp. 11-30). Bristol, UK: Multilingual Matters.

MacIntyre, P. D., & Gardner, R. C. (1989). Anxiety and second language learning: Toward a theoretical clarification. *Language Learning.* 39, 251-275.

MacIntyre, P. D., & Gardner, R. C. (1991). Methods and results in the study of anxiety and language learning: A review of the literature. *Language Learning.* 41, 85-117.

MacIntyre, P. D., & Gardner, R. C. (1994). The subtle effects of language anxiety on cognitive processing in the second language. *Language Learning.* 44, 283-305.

松宮奈賀子 (2005). 「児童が不安を感じる英語活動場面とその要因の模索」『日本児童英語教育学会研究紀要』24, 57-69.

松宮奈賀子 (2006). 「児童が好む活動に関する意識調査：不安の強さに焦点をあてて」『日本児童英語教育学会研究紀要』25, 89-106.

松宮奈賀子 (2010). 「小学校外国語活動における児童の不安に関する実態調査」『広島大学大学院教育研究科紀要第一部 (学習開発関連領域)』59, 107-114.

松宮奈賀子 (2012). 「小学校外国語活動における児童の「不安」に関する課題と

支援のあり方」『広島大学大学院教育研究科紀要第一部（学習開発関連領域）』59，107-114.

望月通子（2008）．「複合環境における第二言語不安」『関西大学外国語教育研究』16，13-25.

門地里恵・鈴木直人（2000）．「状況からみた安堵感の因子構造：緊張からの解放とやすらぎ」『心理学研究』71，42-50.

物井尚子・羽根井寛人（2017）．「高学年児童が感じる外国語不安と英語運用能力との関係」『日本児童英語教育学会（JASTEC）研究紀要』36，53-68.

元田静（2005）．『第二言語不安の理論と実践』渓水社.

Na, Z. (2007). A study of high school students' English learning anxiety. *Asian EFL Journal*, 9, 22-34.

Saito, Y., & Samimy, K. K. (1996). Foreign language anxiety and language performance: A study of learner anxiety in beginning, intermediate, and advanced-level college students of Japanese. *Foreign Language Annals*, 29 (2). 239-249.

Samimy, K. K. & Tabuse, M. (1992). Affective variables and a less commonly taught language: A study in beginning Japanese classes. *Language Learning*, 42 (3), 377-398.

Scovel, T. (1978). The effect of affect on foreign language learning: A review of the anxiety research. *Language Learning*, 28, 129-142.

Shachter, J. M. (2018). Tracking and Quantifying Japanese English Language Learner Speaking Anxiety. *The Language Teacher*, 42 (4), 3-7.

Spielberger, C. D. (1972). Anxiety as an emotional state. In C. D. Spielberger (Ed.), *Anxiety: current trends in theory and research* (Vol. 1, pp. 23-49). New York: Academic Press.

Spielberger, C. D. (1979). *Understanding Stress and Anxiety*. New York: Joanna Cotler Books.

Steinberg, F. S., & Horwitz, E. K. (1986). The effect of induced anxiety on the denotative and interpretive content of second language speech. *TESOL Quarterly*, 20 (1), 131-136.

ステヴィック，アール W.（1988）．『新しい外国語教育：サイレントワイのすすめ』アルク.

Woodrow, L. (2006). Anxiety and speaking English as a second language. *RELC Journal*, 37 (3), 308-328.

八島智子（2003）.「第二言語コミュニケーションと情意要因」『外国語教育研究』
　　5, 81-93.

Young, D. J. (1992). Language anxiety from the foreign language specialist's per-
　　spective: Interviews with Krashen. Omaggio Hadley, Terrel and Rardin.
　　Foreign Language Annuals. 25, 157-172.

第 6 章

中央教育審議会（2016）.「これからの学校教育を担う教員の資質能力の向上につ
　　いて（答申のポイント）」2016 年 12 月 21 日.

https://www.mext.go.jp/component/b_menu/shingi/toushin/__icsFiles/
　　afieldfile/2016/01/13/1365896_02.pdf, accessed 31 May 2021.

独立行政法人教職員支援機構（2018a）.『教職員研修の手引き 2018：効果的な運営
　　のための知識・技術』.

独立行政法人教職員支援機構（2018b）.『平成 29 年度公立の小学校等の校長及び
　　教員としての資質の向上に関する指標策定に関するアンケート調査結果
　　（第 4 回）』.

江原美明・村越亮治（2016）.「現職高校英語教員研修の波及効果」『神奈川県立国
　　際言語文化アカデミア紀要』第 5 号, 19-38.

服部孝彦（2021）.「研究の方法論に関する考察」『大妻女子大学英語教育研究所紀
　　要』第 4 号, 1-15.

神奈川県立国際言語文化アカデミア（2012）.『平成 23 年度　英語教育アドヴァン
　　スト研修授業改善プロジェクト報告書』.

神奈川県立国際言語文化アカデミア（2013）.『平成 24 年度　英語教育アドヴァン
　　スト研修授業改善プロジェクト報告書』.

神奈川県立国際言語文化アカデミア（2014）.『平成 25 年度　英語教育アドヴァン
　　スト研修授業改善プロジェクト報告書』.

神奈川県立国際言語文化アカデミア（2015）.『平成 26 年度　英語教育アドヴァン
　　スト研修授業改善プロジェクト報告書』.

神奈川県立国際言語文化アカデミア（2016）.『平成 27 年度　英語教育アドヴァン
　　スト研修授業改善プロジェクト報告書』.

神奈川県立国際言語文化アカデミア（2017）.『平成 28 年度　英語教育アドヴァン
　　スト研修授業改善プロジェクト報告書』.

神奈川県立国際言語文化アカデミア（2018）.『平成 29 年度　英語教育アドヴァン
　　スト研修授業改善プロジェクト報告書』.

神奈川県立国際言語文化アカデミア（2019）．『平成 30 年度　英語教育アドヴァン
　　　スト研修授業改善プロジェクト報告書』．

神奈川県立国際言語文化アカデミア（2020）．『令和元年度　英語教育アドヴァン
　　　スト研修授業改善プロジェクト報告書』．

神奈川県立国際言語文化アカデミア（2021）．『令和 2 年度　英語教育アドヴァン
　　　スト研修授業改善プロジェクト報告書』．

神奈川県立国際言語文化アカデミア外部評価委員会（2021）．『令和元年度国際言
　　　語文化アカデミア実施事業に対する評価』．
　　　https://www.pref.kanagawa.jp/documents/26340/r1zigyouhyouka.pdf.
　　　accessed 23 May 2021.

神奈川県立国際言語文化アカデミア機関評価委員会．（2018）．『国際言語文化アカ
　　　デミア機関評価委員会報告書』．
　　　http://www.pref.kanagawa.jp/uploaded/attachment/915793.pdf. accessed 9
　　　May 2021.

McMahon, T. (1999). Is reflective practice synonymous with action research? *Ed-*
　　　ucational Action Research, 7 (1). Abingdon: Taylor and Francis.

村越亮治・江原美明（2017）．「高等学校英語科における協働的指導改善に関する
　　　課題」『神奈川県立国際言語文化アカデミア紀要』第 6 号，1-13.

村越亮治・江原美明（2018）．「アクション・リサーチをガイドする：現職英語教
　　　員研修のための授業改善ポートフォリオ」『神奈川県立国際言語文化アカデ
　　　ミア紀要』第 7 号，1-12.

Perkins, D. N. and G. Salomon. (1988). Teaching for transfer. *Educational Leader-*
　　　ship, 46. 22-32.

佐野正之（編著）（2000）．『アクション・リサーチのすすめ：新しい英語授業研
　　　究』大修館書店．

佐野正之（編著）（2005）．『はじめてのアクション・リサーチ：英語の授業を改善
　　　するために』大修館書店．

佐野正之（2010）．「教員研修・養成におけるアクション・リサーチ」『教育デザイ
　　　ン』創刊号，横浜国立大学教育デザインセンター．103-112. https://ynu.
　　　repo.nii.ac.jp/?action=repository_uri&item_id=1811. accessed 21 April 2021.

第 7 章

安達理恵・牧野眞貴（2015）．「英語が苦手な学習者の質的・量的原因調査」『言語

教育エキスポ予稿集』107-108.

Ay, S. (2010). Young adolescent students' foreign language anxiety in relation to language skills at different levels. *Journal of International Social Research*, 3, 83-91. http://sosyalarastirmalar.com/cilt3/sayi11pdf/ay_sila.pdf, accessed 22 February 2022.

ベネッセ教育総合研究所（2015）「中高の英語指導に関する実態調査」 https://berd.benesse.jp/up_images/research/03_Eigo_Shido.pdf, accessed 22 February 2022.

ボイクマン総子（2013).「初級前期からのアカデミック・ジャパニーズ教育：初級前期の口頭発表の実践」『AJ ジャーナル』5, 11-19.

Bygate. M. (2001). Speaking. In Carter, R. & Numan, D. (Eds.) *Teaching English to speakers of other languages (3rd ed.)* (pp. 14-20). Cambridge UK: Cambridge University Press.

茅野潤一郎・峯島道夫（2016).「日本人英語学習者は即興的発話でどのように時間を稼ぐか」『中部地区英語教育学会紀要』45, 1-8.

Clark, C. H. (1958). *Brainstorming: The dynamic new way to create successful ideas.* Garden City, NY: Doubleday.

De Chazal, E. (2014). *English for academic Purposes: Oxford handbooks for language teachers* (pp. 243-245). Oxford, UK: Oxford University Press.

Eberle, R. F. (1971). *Scamper: Games for imagination development.* Buffalo N.Y.D.O.K. Publishers

Ellis, R. (1994). *The study of second language acquisition.* Oxford UK: Oxford University Press.

Gass, S. M., & Mackey, A. (2015). Input, interaction, and output in second language acquisition. In B. VanPatten & J. Williams (Eds.), *Theories in second language acquisition: an introduction (2nd ed.)* (pp. 180-206). New York: Routledge.

北条礼子（1996).「外国語（英語）学習に対する学生の不安に関する研究（6）」『上越教育大学研究紀要』15（2）, 45-506.

Horwitz, E. K., Horwitz, M. B., & Cope, J. (1986). Foreign language classroom anxiety. *The Modern Language Journal*, 70 (2), 125-132. https://doi.org/10.1111/j.1540-4781.1986.tb05256.x, accessed 13 January 2022.

飯野厚・藤井彰子・籔田由己子・佐藤ヘザー　ジョンソン・中村洋一・岡秀夫

(2020).「オンライン対話を取り入れた発信型の指導が英語スピーキング能力に与える影響」『法政大学多摩論集』36, 法政大学, 91-113.

池田和浩・澤邉裕子・安井朱美・西浦和樹 (2011).「カードゲームを用いたブレインストーミング法による心理的ストレス低減効果の検証」『山形大学紀要（人文科学）』17 (2), 21-33.

泉惠美子・門田修平 (2016).『英語スピーキング指導ハンドブック』東京：大修館書店.

Jordan, R. R. (1997). *English for academic purposes: A guide and resource book for teachers*. Cambridge UK: Cambridge University Press.

Joyce, C. K., Jennings, K. E., Hey, J., Grossman, J. C., & Kalil, T. (2010). Getting down to business: Using speed storming to initiate creative cross-disciplinary collaboration. *Creativity and Innovation Management, 19* (1), 57-67.

門倉正美 (2006).「〈学びとコミュニケーション〉の日本語力アカデミック・ジャパニーズから発信」『アカデミック・ジャパニーズの挑戦』東京：ひつじ書房, 3-20.

Kawashima, H. (2019). Effects of pe-task planning on speaking anxiety of Japanese EFL learners. *ARELE (Annual Review of English Language Education in Japan), 30,* 145-160.

Klapper, J. (1991). The role of the video camera in communicative language teaching and evaluation. *Language Learning, 4,* 12-15.

門田修平 (2002).『英語の書きことばと話しことばはいかに関係しているか』東京：くろしお出版.

金子朝子 (2004).「スピーキング」小池生夫他（編）『第二言語習得研究の現在：これからの外国語教育への視点』(pp. 161-179) 東京：大修館書店.

小林翔 (2019).「目的・場面・状況を意識させる文法指導の工夫」『中学校外国語新学習指導要領を実践する：英語の「見方・考え方」を働かせた「深い学び」』4-9. 東京：東京書籍.

小林翔 (2020a).「即興的スピーキングに対する中学校教員の意識：教員研修後のアンケート結果から」『茨城大学教育学部紀要（教育科学）』69, 243-252.

小林翔 (2020b).「ビデオ通話を活用したスピーキング力向上と不安軽減を目指した実践報告」『KATE Journal』関東甲信越英語教育学会, 45-58.

小林翔 (2021).「原稿を準備しない方法と準備する方法の異なる指導法の違いがスピーキングの不安軽減に与える効果：ビデオ通話の比較検証」『外国語教育メディア学会関東支部研究紀要』5, 17-38.

Konishi, M. (2017). Effects of International online video talk in a language exchange situation on Japanese EFL college students taking a teacher training program. *Language Education & Technology,* 54, 113-133.

Krashen, S. (1985). *The Input hypothesis: Issues and implications.* New York: Longman.

Levelt, W. J. M. (1989). *Speaking: From intention to articulation.* Cambridge, MA: The MIT Press.

Long, M. (1996). The role of the linguistic environment in second language acquisition. In W. C. Ritchie & T. K. Bhatia (Eds.), *Handbook of language acquisition* (pp. 413-468). San Diego, CA: Academic Press.

MacIntyre, P. D., & Garndner, R. C. (1991). Methods and results in the study of anxiety and language learning: a review of the literature. *Language Learning, 41,* 88-117.

MacIntyre, P. D. (1999). Language anxiety: A review of the research for language teachers. In D. J. Young (Ed.), *Affect in foreign language and second language learning. A practical guide to creating a low-anxiety classroom atmosphere* (pp. 24-45). Boston: McGraw-Hill.

Miller, B., Vehar, J., & Firestien, R. (2001). *Creativity unbound: An introduction to creative process.* Williamsville, NY: Innovation Resources, Inc.

文部科学省 (2013).「参考資料1-2 これからの大学教育等の在り方について (第三次提言)」.
http://www.mext.go.jp/b_menu/shingi/chukyo/chukyo4/004/gijiroku/attach/1338229.htm, accessed 22 February 2022.

文部科学省 (2016).「次期学習指導要領に向けたこれまでの審議のまとめのポイント」.
http://www.mext.go.jp/component/b_menu/shingi/toushin/__icsFiles/afieldfile/2016/09/09/1377021_3.pdf, accessed 22 February 2022.

文部科学省 (2018).『中学校学習指導要領解説外国語編』東京：開隆堂出版.

文部科学省 (2019).『高等学校学習指導要領解説外国語編・英語編』東京：開隆堂出版.

村上彩実・伊藤恵一・臼杵岳 (2016).「大学英語教育における Learner-Centered Approach の導入：少人数制 TOEIC クラスでの実践」『高等教育フォーラム』6, 41-48.

中西弘 (2013).「英語運用能力を伸ばすシャドーイング」『東北學院大學論集 英

語英文学』97，117-123

Nakanishi, H. & Yokokawa, H. (2011). Determinant processing factors of recall performance in reading span tests: An empirical study of Japanese EFL learners. *JACET Journal*, 53, 93-108.

Osborn, A. F. (1953). *Applied Imagination: Principles and Procedures of Creative Thinking*. New York: Charles Scribner's Sons.

Oxford, R. L. (1999). Anxiety and the language learner: New insights. In J. Arnold (Ed.), *Affect in Language Learning*. Cambridge: Cambridge University Press.

Paulus P. B., & Yang, H. C. (2000). Idea generation in groups: A basis for creativity in organizations. *Organizational Behavior and Human Decision Process*, 82 (1), 76-82.

櫻井千佳子 (2018).「小学校教員養成課程における英語スピーキング力の育成に関する一考察：教室英語の誤用を手がかりに」『武蔵野教育學論集』5，武蔵野大学，89-101.

末永俊郎 (1987).『社会心理学研究入門』東京大学出版会.

Swain, M. (1995). Three functions of output in second language learning. In G. Cook & B. Seidlhoffer (Eds.), *Principle and practice in applied linguistics: Studies in honor of H. G. Widdowson.* (pp. 125-144). Oxford, UK: Oxford University Press.

Thornbury, S. (2005). *How to teach speaking*. Harlow, England: Longman.

遠山道子・森一将・新谷真由 (2017).「オンライン英会話グループ学習を用いたスピーキング技能と心理的要因の改善：英語リメディアル教育への適用に向けて」『外国語教育メディア学会関東支部研究紀要』1，37-59.

辻野孝 (2009).「リメディアル教育におけるeラーニングの可能性」.『京都光華女子大学短期大学部研究紀要』47，163-174.

Using English for Academic Purpose for Students in Higher Education. (2019). *Speaking in Academic Contexts*, http://www.uefap.net/speaking/features/speaking-features-introduction, accessed 13 January 2022.

山本富美子 (2004).「アカデミック・ジャパニーズに求められる能力とは：論理的・分析的・批判的思考法と語彙知識をめぐって」.『移転記念シンポジウム：アカデミック・ジャパニーズを考える報告書』1-6.

八島智子 (2004).『外国語コミュニケーションの情意と動機：研究と教育の視点』

関西大学出版部.

Yashima, T., Noels, K., Shizuka, T., Takeuchi, O., Yamane, S., & Yoshizawa, K. (2009). The interplay of classroom anxiety, intrinsic motivation, and gender in the Japanese EFL context. *Journal of Foreign language Education and Research*, 17, 41-64.

Young, D. J. (1990) An investigation of Students' perspectives on anxiety and speaking. *Foreign Language Annals*, 23, 539-553.

横山千聖（2019).「日本人学習者の Academic Speaking の評価基準の構築と妥当性の検証」『広島大学大学院教育学研究科紀要第二部』68, 広島大学, 205-214.

Young, D. J. (1986). The relationship between anxiety and foreign language oral proficiency ratings. *Foreign Language Annals*, 19, 439-445.

Young, D. J. (1990). An investigation of Students' perspectives on anxiety and speaking. *Foreign Language Annals*, 23, 539-553.

第 8 章

Council of Europe (2007), *Recommendation CM/Rec (2007) 6 of the Committee of Ministers to member states on the public responsibility for higher education and research*.
https://search.coe.int/cm/Pages/result_details.aspx?ObjectID=09000016805d5dae, accessed 14 August 2021.

Council of Europe (2010), *Council of Europe Charter on Education for Democratic Citizenship and Human Rights Education, Recommendation CM/Rec (2010) 7 and explanatory memorandum*.
https://rm.coe.int/16803034e3, accessed 28 September 2021.

Council of Europe (2016). *Competences for democratic culture: living together as equals in culturally diverse democratic societies*.
https://rm.coe.int/16806ccc07, accessed 25 October.

Council of Europe (2018a). *Reference framework of competences for democratic culture: Volume 1 context, concepts and model*.
https://rm.coe.int/prems-008318-gbr-2508-reference-framework-of-competences-vol-1-8573-co/16807bc66c, accessed 30 August 2021.

Council of Europe (2018b). *Reference framework of competences for democratic culture: Volume 2 descriptors of competences for democratic culture*.

https://rm.coe.int/prems-008418-gbr-2508-reference-framework-of-
competences-vol-2-8573-co/16807bc66d, accessed 3 September 2021.

Council of Europe (2018c). *Reference framework of competences for democratic culture: Volume 3 guidelines for implementation.*
https://rm.coe.int/prems-008518-gbr-2508-reference-framework-of-
competences-vol-3-8575-co/16807bc66e, accessed 21 October 2021.

グローバル人材育成推進会議. (2011).『グローバル人材育成推進会議中間まとめ』.

角谷昌則 (2015).「グローバル人材育成論の教育思想の探求：3種類の分析概念による検討を通じて」『広島国際大学心理学部紀要』3, 9-19.

鎌田公寿・藤井大亮・菊地かおり・羽田野真帆 (2018).「高校教育における「グローバル人材」育成の特質：スーパー・グローバル・ハイスクール（SGH）構想調書の分析を通して」『筑波大学教育学系論集』42 (2), 73-86.

Holt, K., & Seki, K. (2012). Global leadership: A developmental shift for everyone. *Industrial and Organizational Psychology*, 5, 196-215.

宮本真有・近藤行人・櫻井省吾・近藤有美 (2021).「大学生のグローバル人材としての能力をどう測るか」『名古屋外国語大学論集』8, 271-284.

内閣府 (2013).『日本再興戦略～JAPAN is BACK～』.

櫻井省吾・宮本真有・近藤行人・近藤有美 (2021).「欧州評議会の「民主的な文化への能力と135項目のキー・ディスクリプター」の邦訳」『名古屋外国語大学論集』8, 353-367.

産学人材育成パートナーシップ (2009).『今後の取組の方向性について』.

産学人材育成パートナーシップ・グローバル人材育成委員会 (2010).『報告書～産学官でグローバル人材の育成を～』.

産学連携によるグローバル人材育成推進会議 (2011).『産学官の連携によるグローバル人材の育成のための戦略』.

Spitzberg, B. H., & Changnon, G. (2009). Conceptualizing intercultural competence. In D. K. Deardoff (Ed.), *The SAGE handbook of intercultural competence*, 2-52. California: SAGE Publications.

スーパー・グローバル・ハイスクール実施要項 (2014). http://www.mext.go.jp/
component/a_menu/education/detail/__icsFiles/afieldfile/2014/01/
30/1343302_01_2.pdf, accessed 21 October 2021.

ワールド・ワイド・ラーニング・コンソーシアム構築支援事業実施要項 (2019).
https://www.mext.go.jp/component/a_menu/education/detail/__icsFiles/

afieldfile/2019/01/24/1412772_001_1.pdf, accessed 19 September 2021.

吉田文（2014).「『グローバル人材の育成』と日本の大学教育：議論のローカリズムをめぐって」『教育学研究』81，2，164-175.

第9章

足立幸男・杉谷和哉（2020).「新型コロナ感染症が公共政策学に突き付けているもの：専門性とリーダーシップを中心に」『公共政策研究』20，76-86.

Council of Europe. (2018a). *Reference framework of competences for democratic culture: Volume 1 context, concepts and model.* https://rm.coe.int/prems-008318-gbr-2508-reference-framework-of-competences-vol-1-8573-co/16807bc66c. accessed 18 April 2022.

Council of Europe (2018b). *Reference framework of competences for democratic culture: Volume 2 descriptors of competences for democratic culture.* https://rm.coe.int/prems-008418-gbr-2508-reference-framework-of-competences-vol-2-8573-co/16807bc66d. accessed 18 April 2022.

菊池進（2018).「EBPM サイクルを活用した自治体経営と市民参加」『三鷹市自治体経営白書 2018』1-16.

内閣府（2018).「内閣府における EBPM への取組」. https://www.cao.go.jp/others/kichou/ebpm/ebpm.html accessed 21 April 2022.

杉谷和哉（2021).「日本における「エビデンスに基づく政策形成」の取組み：「EBPM 三本の矢」を中心に」『社会システム研究』24，87-108.

津田広和・岡崎康平（2018).『RIETI Policy Discussion Paper Series 18-P-016：米国における Evidence-based Policymaking（EBPM）の動向』独立行政法人経済産業研究所.

内山融・小林庸平・田口壮輔・小池孝英（2018).『RIETI Policy Discussion Paper Series 18-P-018：英国におけるエビデンスに基づく政策形成と日本への示唆—エビデンスの「需要」と「供給」に着目した分析—』独立行政法人経済産業研究所.

Watts, R. and G. Marston. (2004). *Tampering with the evidence: a critical appraisal of evidence-based policy-making.* Australian review of public affairs, 2004, 3 (3), 143-163.

第 10 章

雨宮沙織・柄本健太郎（2021）.「OECD Future of Education and Skills 2030 プロ
ジェクトにおけるコンピテンシーに関する議論の変遷：OECD ラーニン
グ・コンパス（学びの羅針盤）2030 に着目して」『東京学芸大学紀要総合教
育科学系』72, 579-588.

Council of Europe. (2018a). *Reference framework of competences for democratic
culture: Volume 1 context, concepts and model.*
https://rm.coe.int/prems-008318-gbr-2508-reference-framework-of-
competences-vol-1-8573-co/16807bc66c, accessed 21 October 2021.

Council of Europe. (2018b). *Reference framework of competences for democratic
culture: Volume 2 descriptors of competences for democratic culture.*
https://rm.coe.int/prems-008418-gbr-2508-reference-framework-of-
competences-vol-2-8573-co/16807bc66d, accessed 21 October 2021.

Council of Europe. (2018c). *Reference framework of competences for democratic
culture: Volume 3 guidelines for implementation.*
https://rm.coe.int/prems-008518-gbr-2508-reference-framework-of-
competences-vol-3-8575-co/16807bc66e, accessed 21 October 2021.

森山新（2021）.「間文化的シティズンシップ教育としての国際学生フォーラム分
析：民主的文化のための能力の参照枠（RFCDC）の観点から」『お茶の水
女子大学人文科学研究』17, 25-38.

文部科学省（2018）.「OECD Education 2030 プロジェクトについて」（E2030
Position Paper（05.04.2018））https://www.oecd.org/education/2030-
project/about/documents/OECD-Education-2030-Position-Paper_
Japanese.pdf, accessed 13 January 2022.

OECD. (2018). *E2030 Position Paper (05.04.2018)*
http://www.oecd.org/education/2030/E2030%20Position%20Paper%20
(05.04.2018).pdf, accessed 13 January 2022.

OECD (2019). *OECD Future of Education and Skills 2030. Conceptual learning
framework. Concept note: OECD Learning Compass 2030.*
https://www.oecd.org/education/2030-project/teaching-and-learning/
learning/learning-compass-2030/OECD_Learning_Compass_2030_concept_
note.pdf, accessed 22 February 2022.

櫻井省吾・宮本真有・近藤行人・近藤有美（2021）.「欧州評議会の「民主的な文
化への能力と 135 項目のキー・ディスクリプター」の邦訳」『名古屋外国語

大学論集』8, 353-367.

産学人材育成パートナーシップ（2009）. 『今後の取組の方向性について』.

白井俊（2020）. 『OECD Education 2030 プロジェクトが描く教育の未来：エージェンシー，資質・能力とカリキュラム』京都：ミネルヴァ書房.

Simone D. R., & Salganik, L. H. (Eds.). (2003). *Key Competencies for a Successful Life and a Well-Functioning Society*. Cambridge, MA, US: Hogrefe & Huber Publishing.

スーパー・グローバル・ハイスクール実施要項（2014）. http://www.mext.go.jp/component/a_menu/education/detail/__icsFiles/afieldfile/2014/01/30/1343302_01_2.pdf, accessed 13 January 2022.

ワールド・ワイド・ラーニング・コンソーシアム構築支援事業実施要項（2019）. https://www.mext.go.jp/component/a_menu/education/detail/__icsFiles/afieldfile/2019/01/24/1412772_001_1.pdf, accessed 13 January 2022.

索　引